El diezmo

El diezmo

La verdad y el fraude

Mario LL

TALENTO
PUBLICACIONES
2025

Título: *El diezmo: la verdad y el fraude*
Autor: Mario LL

I.S.B.N.: 979-13-990516-6-7

Edita: TALENTO Publicaciones (Samuel Juliá Cristóbal)
       E-mail: info@talentopublicaciones.com
       Web: www.talentopublicaciones.com

Los textos bíblicos que se mencionan en este libro se han tomado de la Biblia Reina Valera de 1960 (RVR1960), salvo que se especifique otra versión. El contenido de este libro refleja el estudio, convicción y experiencia espiritual del autor. Toda mención a textos bíblicos tiene como única finalidad glorificar a Dios y edificar a Su Iglesia.

Edición POD.

Proyecto Social Oasis – Honduras (proyecto-oasis@proton.me).

ÍNDICE

Introducción

> "Cualquier cosa comestible, cultivada en el suelo y de propiedad privada, está sujeta al diezmo". (*Mishná, Ma'aserot 1:1*).

He decidido escribir este estudio dado el enorme malestar que me ha causado el modo en que el tema del diezmo ha sido manipulado, distorsionado y, en muchos casos, explotado dentro de la comunidad cristiana. La confusión, el engaño y las falsas enseñanzas sobre este principio fundamental de la fe han dado lugar a una serie de problemas profundos, tanto para pastores como para simples miembros de la iglesia, que siguen creyendo en una visión del diezmo que no tiene base en las Escrituras. La realidad es que, a través de generaciones, se ha promovido una interpretación errónea, y más allá de la enseñanza, muchos se han beneficiado materialmente del sufrimiento y la ignorancia de otros. Este no es un tema menor; la verdad sobre el diezmo es crucial para comprender cómo nos relacionamos con Dios, con nuestras finanzas y con la comunidad cristiana.

Lo que se ha enseñado en muchas iglesias sobre el diezmo a menudo está lejos de lo que las Escrituras realmente nos dicen. No se trata simplemente de un acto ritualista o de una ley obligatoria, sino de un principio espiritual profundo que trasciende la mera cantidad de dinero que entregamos. De hecho, en la mayoría de las iglesias, la idea de que el diezmo es un mandato absoluto de diez por ciento para todas las épocas ha eclipsado una comprensión más rica y matizada del concepto bíblico del diezmo. Se ha convertido en una carga legalista, más que una oportunidad para vivir en obediencia y generosidad ante Dios. Y lo peor es que muchos no entienden la diferencia entre lo que la Biblia realmente enseña y las prácticas que se han desarrollado en torno a este tema. Pastores, líderes y miembros de la iglesia han caído en el error de aplicar principios antiguos y, en algunos casos, irrelevantes a su situación actual.

Este estudio no es solo una crítica al abuso del diezmo, sino una invitación a descubrir la verdadera enseñanza bíblica que puede transformar nuestra comprensión del acto de dar. Aquí profundizaremos en lo que nunca se ha explicado de manera tan clara ni profunda: el contexto del diezmo en la historia de Israel, su propósito original, las razones por las cuales se implementó y cómo, a lo largo de los siglos, esta práctica ha sido distorsionada hasta convertirse en algo que ya no refleja la intención de Dios para su pueblo. En la mayoría de las iglesias contemporáneas, la visión del diezmo está basada en principios extraídos del Antiguo Testamento que ya no aplican bajo el Nuevo Pacto de la gracia, pero se nos presenta como algo inmutable, como si fuera un requerimiento divino no negociable.

A lo largo de este estudio, desentrañaremos las capas de confusión y error que rodean este tema. Examinaremos el contexto histórico en el que el diezmo fue establecido en la ley de Moisés, las diversas clases de diezmos que existían en el Antiguo Testamento, y por qué eran necesarios en ese contexto particular. También nos adentraremos en las enseñanzas de Jesús y los apóstoles, quienes nos dan una perspectiva fresca, más centrada en el corazón de la generosidad y el amor a Dios y al prójimo. Hablaremos sobre cómo el diezmo ha sido malinterpretado y utilizado como una herramienta de control y manipulación en muchas iglesias, llevando a miembros bien intencionados a sentir una presión innecesaria, e incluso a caer en la trampa de la culpa si no cumplen con lo que se les exige. Este estudio también buscará, de manera crítica y objetiva, exponer las falacias que sostienen la doctrina del diezmo en muchas de las denominaciones modernas. Analizaremos los discursos que argumentan que el diezmo es un requisito obligatorio para todos los cristianos, y cómo esta enseñanza ha sido usada para enriquecer a ciertos líderes religiosos sin que esto tenga sustento en las Escrituras. A través de un análisis cuidadoso, lograremos separar lo que es verdad de lo que ha sido fabricado, y lo que es aplicable en el contexto de la iglesia actual de lo que pertenece exclusivamente al contexto del antiguo Israel.

Lo que descubriremos a lo largo de este estudio es que el diezmo, lejos de ser un mandato rígido, es un principio de generosidad y adoración, una invitación de Dios a ser parte activa de su obra en el mundo. Su propósito original no era financiar la iglesia moderna ni poner una carga sobre los creyentes, sino fomentar un corazón dispuesto a dar con alegría y de manera voluntaria, en reconocimiento de que todo lo que tenemos proviene de Dios. El diezmo no es un medio para obtener bendiciones materiales, como a menudo se enseña hoy en día, sino una expresión de nuestra gratitud y dependencia de Él.

Este análisis tiene la intención de romper con el mito de que el diezmo es la única forma correcta de dar y nos llevará a una comprensión más profunda del verdadero espíritu de la generosidad cristiana. No es mi intención atacar ni condenar a quienes han sido influenciados por enseñanzas erróneas, sino más bien guiarlos hacia una comprensión más bíblica, sana y edificante del dar, libre de manipulaciones y malentendidos. Al final, espero que este estudio ayude a los lectores a liberarse de la carga de una enseñanza errónea, permitiéndoles disfrutar de una relación más auténtica con Dios, fundamentada en la gracia y el amor.

Este es un llamado a examinar lo que realmente significa el diezmo a la luz de la Palabra de Dios, para que podamos vivir de acuerdo con Su voluntad y no según la tradición humana que a menudo distorsiona lo que Él realmente desea para Su pueblo. Al final de este estudio, nuestro objetivo no es solo corregir errores doctrinales, sino también ayudar a los creyentes a crecer en la verdadera libertad que solo puede provenir del entendimiento claro y honesto de lo que Dios espera de nosotros, en todas las áreas de nuestra vida, incluyendo la del dar.

La relevancia del tema del diezmo en la actualidad no puede subestimarse, especialmente en un contexto en el que las iglesias y los creyentes están cada vez más conscientes de la intersección entre las finanzas, la espiritualidad y la responsabilidad cristiana. En muchas congregaciones, el diezmo sigue siendo una práctica central que se vincula a la obediencia y a la bendición divina, lo que lo convierte en un tema crucial dentro de la vida cristiana moderna. Sin embargo, también se ha convertido en un área de controversia y confusión, ya que las enseñanzas sobre el diezmo varían significativamente entre las denominaciones, y muchos líderes e iglesias han malinterpretado o incluso distorsionado su verdadero propósito.

En un mundo donde las finanzas juegan un papel tan importante, tanto dentro de la iglesia como en la vida cotidiana, el diezmo es a menudo visto como una forma de garantizar la prosperidad económica o de financiar las operaciones y el ministerio de la iglesia. Sin embargo, este enfoque materialista puede opacar la verdadera esencia del acto de dar en el cristianismo, que debería basarse en la generosidad, el amor y la adoración a Dios, no en una transacción financiera que espera una recompensa directa. En muchas ocasiones, el diezmo se ha convertido en una obligación legalista más que en una expresión genuina de gratitud y devoción.

La importancia del diezmo en la responsabilidad cristiana también se manifiesta en su relación con el llamado bíblico a ser buenos administradores de los recursos que Dios nos ha dado. El diezmo, en su contexto original, no solo era un acto de adoración, sino también una forma de asegurar la justicia social, ayudando a los levitas, huérfanos, viudas y extranjeros en la sociedad israelita. Este aspecto del diezmo como un medio para promover la justicia social es algo que, lamentablemente, se ha perdido en muchos de los discursos actuales que giran en torno al diezmo, que se enfocan casi exclusivamente en el beneficio personal y material del creyente.

Además, el diezmo y la forma en que se enseña en muchas iglesias tienen un impacto significativo en la salud espiritual de los miembros. Cuando se presenta el diezmo como un medio para obtener bendiciones materiales o como un acto obligatorio, se corre el riesgo de hacer que la relación con Dios se vuelva transaccional y superficial. Esto puede crear una mentalidad en la que la generosidad y la obediencia se ven más como una inversión financiera que como una expresión de fe y devoción. Al distorsionar el significado del diezmo, se está perdiendo la oportunidad de formar a los creyentes en una vida de generosidad basada en principios espirituales y en la imitación de Cristo, quien dio todo por amor.

El tema también es relevante en la forma en que la iglesia maneja sus finanzas. El diezmo es una de las principales fuentes de ingresos para muchas congregaciones, lo que genera una gran responsabilidad en los líderes para manejar estos recursos de manera ética y transparente. Lamentablemente, en algunas ocasiones, la falta de transparencia en el uso de los fondos ha dado lugar a abusos, desconfianza y una imagen negativa del diezmo y las finanzas eclesiásticas. Este contexto de mal manejo y falta de rendición de cuentas ha causado que muchos creyentes cuestionen la legitimidad de las enseñanzas sobre el diezmo y se sientan inseguros sobre la verdadera intención de sus aportes financieros.

Por todo esto, el tema del diezmo sigue siendo de gran relevancia hoy, no solo porque afecta la vida financiera de los creyentes, sino también porque tiene implicaciones profundas en la espiritualidad, la formación cristiana y la responsabilidad ética dentro de la iglesia. Es esencial que los cristianos comprendan la enseñanza bíblica sobre el diezmo y cómo esta práctica se debe aplicar de manera fiel al mensaje del Evangelio. Esto implica alejarse de interpretaciones legalesistas y erróneas, y buscar una comprensión más profunda que permita una vida de generosidad genuina, que no se base en la obligación ni en el interés personal, sino en el amor y la obediencia a Dios.

La metodología de este estudio sobre el diezmo se basa en un enfoque multidisciplinario que incorpora varias herramientas hermenéuticas y académicas para asegurar una comprensión integral y profunda del tema. A continuación, se te detallaré los métodos de estudio que se han utilizado.

Exegética

La exégesis bíblica será la principal herramienta metodológica, ya que el objetivo es interpretar los textos bíblicos de manera precisa y contextual. A través de este enfoque, se analizarán pasajes clave del Antiguo y el Nuevo Testamento relacionados con el diezmo, teniendo en cuenta el contexto histórico, cultural y literario en el que fueron escritos. Se hará énfasis en los textos que establecen el diezmo como un principio dentro de la ley mosaica, así como en las enseñanzas de Jesús y los apóstoles que ofrecen una nueva perspectiva sobre el acto de dar. La exégesis permitirá clarificar los significados originales de las palabras y frases, evitando interpretaciones erróneas que se han producido a lo largo de los siglos.

Histórica

Para comprender el origen y la evolución del diezmo, se empleará un enfoque histórico que estudie su implementación en el contexto de la antigua Israel y su adaptación en la iglesia primitiva. Esto incluye la investigación de la práctica del diezmo durante la época de Moisés, el período del exilio y el retorno, y cómo cambió en los tiempos del Nuevo Testamento. Se considerarán también los cambios que ocurrieron a lo largo de la historia de la iglesia cristiana, desde los primeros padres de la iglesia hasta la época contemporánea, para analizar cómo la práctica del diezmo se ha desarrollado y cómo ha sido interpretada por diferentes corrientes teológicas.

Comparativa

Se realizará un análisis comparativo con otras doctrinas y enseñanzas sobre el diezmo en diferentes denominaciones cristianas. Este enfoque permitirá comparar las distintas visiones y prácticas del diezmo dentro de la iglesia moderna, destacando las discrepancias y buscando las raíces bíblicas de cada interpretación. También se compararán las enseñanzas del diezmo con prácticas similares en otras religiones, como el judaísmo y el islam, para entender cómo se ha visto históricamente el acto de dar un porcentaje de los ingresos a las autoridades religiosas.

Teológica

Se llevará a cabo un análisis teológico para evaluar la relación entre el diezmo y otros aspectos de la doctrina cristiana, como la gracia, la generosidad, la obediencia y la libertad en Cristo. Este enfoque examinará cómo el diezmo se inserta en el marco de la enseñanza cristiana sobre el dar y el propósito de la vida cristiana. También se tratarán las implicaciones del diezmo en la teología de la prosperidad, que ha sido un tema controvertido en las iglesias contemporáneas.

Crítica y reflexiva

Finalmente, se empleará un enfoque crítico y reflexivo para evaluar las implicaciones de la enseñanza y práctica del diezmo en la vida cotidiana de los creyentes y las iglesias. Esto incluirá una evaluación ética del uso de los fondos recaudados a través del diezmo, la transparencia financiera dentro de la iglesia, y las consecuencias psicológicas y espirituales de una enseñanza incorrecta o manipulativa sobre el diezmo.

Esta metodología integral y multidisciplinaria busca no solo proporcionar una comprensión clara y precisa del diezmo desde una perspectiva bíblica y teológica, sino también abordar las tensiones y confusiones que existen en la iglesia contemporánea sobre este tema, promoviendo una visión más sana, equilibrada y fundamentada.

Este viaje es un estudio extremadamente exhaustivo, no basado en suposiciones, revelaciones personales o interpretaciones ficticias, sino fundamentado en las Escrituras, incluidas las enseñanzas de la iglesia primitiva, y discerniendo claramente entre Israel e iglesia. Al separar lo que es específico del pacto con Israel y lo que corresponde al pueblo de la nueva alianza en Cristo, llegaremos a una comprensión más profunda de lo que realmente significa ofrendar en el contexto de la gracia y no bajo el yugo de la ley. Este análisis no busca promover ninguna agenda personal, sino simplemente exponer la verdad tal como se revela en la Palabra de Dios, respetando la integridad del mensaje original y el modelo dado por Cristo y la iglesia primitiva.

MARIO LL.

Capítulo 1: El contexto del diezmo en el antiguo Cercano Oriente

Las prácticas de diezmo y de entrega de una porción de los recursos a una deidad o a la comunidad no fueron exclusivas de Israel.

En Mesopotamia, el acto de ofrecer una porción de los bienes a los templos no solo era una manifestación de piedad religiosa, sino también un mecanismo fundamental de sostenimiento económico y social. Los templos, que representaban el centro neurálgico de la vida urbana, recibían productos agrícolas, ganado, metales preciosos y bienes manufacturados. Estos recursos no solo se destinaban al culto de las divinidades, sino que también eran redistribuidos para asegurar el sustento de los sacerdotes, obreros y personas vulnerables. Así, el sistema de ofrendas cumplía un papel crucial en el equilibrio económico y en la legitimación del poder político, ya que los reyes mesopotámicos se presentaban como administradores de lo sagrado, garantes del orden divino.

En Egipto, la conexión entre lo divino y lo económico era igualmente intensa. Los faraones, considerados dioses vivientes, controlaban vastas extensiones de tierra consagradas a los templos. Parte de la producción agrícola se canalizaba hacia estas instituciones religiosas como una muestra de gratitud y reverencia a los dioses que garantizaban el orden cósmico. El diezmo o sus equivalentes no eran necesariamente proporcionales, pero sí obligatorios, y se registraban en documentos meticulosos que daban cuenta de las entregas. Esta práctica fortalecía la autoridad del faraón y consolidaba el poder de la casta sacerdotal, que a su vez desempeñaba funciones administrativas, judiciales y caritativas dentro del tejido social egipcio.

En la región de Canaán y otras culturas del Levante, las ofrendas a los dioses locales, como Baal o Astarté, se realizaban en altares familiares o en santuarios regionales. Estas prácticas estaban profundamente ligadas a los ciclos agrícolas, y las primicias de la cosecha eran vistas como un reconocimiento del favor divino. En muchas ocasiones, las ofrendas eran comunales, lo cual fomentaba la cohesión del grupo y establecía una red de reciprocidad entre los miembros de la comunidad y sus deidades protectoras. El acto de dar no solo tenía implicaciones espirituales, sino también prácticas: quienes no participaban podían ser percibidos como una amenaza al equilibrio colectivo y a la bendición esperada para todos.

Aunque las formas variaban, estas prácticas evidencian una visión compartida del mundo en la que los bienes materiales no pertenecían plenamente al individuo, sino que eran parte de un entramado mayor, en el que los dioses, los líderes y la comunidad tenían derecho a una porción. Así, el dar se transformaba en un gesto de reconocimiento, de subordinación y también de pertenencia. Lo sagrado y lo social se entrelazaban para conformar un orden en el cual cada entrega material tenía un eco simbólico y espiritual que afirmaba tanto la fe como el sentido de justicia y solidaridad.

Mesopotamia

En efecto, en las civilizaciones mesopotámicas como Sumer, Babilonia y Asiria, la entrega de una porción de los recursos —ya fuera en forma de productos agrícolas, ganado, metales preciosos o trabajo— constituía una parte fundamental de la estructura social, religiosa y política. Este tributo no era únicamente un acto de devoción religiosa, sino también un mecanismo de organización económica y de legitimación del poder estatal y sacerdotal.

En Sumer, por ejemplo, los templos eran centros no solo espirituales sino también económicos. Los agricultores y artesanos debían entregar parte de su producción a los templos, que actuaban como redistribuidores de los bienes. El clero administraba estas riquezas y, a menudo, el excedente era utilizado para mantener a los trabajadores del templo, a funcionarios y a los más necesitados. Aunque el porcentaje no estaba estandarizado como el "diez por ciento" posterior que se asocia con Israel, la lógica de ceder una porción de los bienes a la divinidad (a través de sus representantes en la tierra) ya estaba presente.

En Babilonia, el Código de Hammurabi también contempla el sistema de tributos y ofrendas. El templo y el palacio recibían aportes obligatorios que, además de ser religiosos, sostenían el aparato burocrático y militar. El rey era visto como elegido o incluso representante de los dioses, por lo que los tributos hacia él también tenían un componente sagrado. Aquí se entrelazan religión y política: dar a los dioses era también reafirmar la autoridad del monarca.

En Asiria, donde el estado era altamente centralizado y militarista, los tributos adquirían una dimensión más coercitiva. Los pueblos conquistados debían pagar tributos obligatorios, pero dentro de la propia sociedad asiria también existían aportes destinados a los templos de los grandes dioses como Ashur. Esta práctica se convertía, además, en un símbolo de sumisión y fidelidad a la estructura de poder.

Estas prácticas tienen puntos de contacto con el diezmo en Israel, especialmente en su función económica, religiosa y social. En todas estas culturas, entregar una parte de los recursos servía no solo para honrar a los dioses, sino para mantener el orden establecido. Sin embargo, es importante señalar que en Israel el diezmo fue formalizado más adelante como ley, tras el Éxodo, y su contenido tenía matices propios, como el propósito de sostener a los levitas (que no poseían tierra), ayudar a los pobres y propiciar la unidad espiritual del pueblo.

Por tanto, aunque el diezmo en Israel puede haber tenido paralelos culturales y estructurales con las prácticas mesopotámicas, no nació en el vacío ni fue una invención exclusivamente hebrea, sino que debe entenderse como parte de un entorno regional en el que ya se concebía como natural la idea de rendir cuentas, simbólicas y materiales, a una divinidad y a un poder superior. Lo distintivo de Israel será, con el tiempo, el énfasis en la justicia social, el ciclo sabático, el jubileo y la redistribución como mecanismos de equilibrio dentro del pueblo, no sólo como instrumentos de poder.

Tributo a los dioses

Los mesopotámicos tenían una cosmovisión profundamente religiosa en la que consideraban que todas las riquezas y recursos naturales provenían directamente de los dioses. Estos eran los dueños supremos de la tierra, el agua, el ganado y las cosechas, y los seres humanos solo eran administradores temporales de estos bienes. Por ello, era una obligación sagrada devolver a las deidades una parte de lo recibido, como muestra de gratitud, respeto y lealtad.

Este tributo o ofrenda no siempre estaba estrictamente cuantificado con un porcentaje fijo, pero existían normas sociales y religiosas que definían la cantidad y el tipo de bienes que debían entregarse a los templos y a los sacerdotes, quienes actuaban como intermediarios entre los dioses y la comunidad. Las ofrendas solían provenir principalmente de los excedentes agrícolas, el ganado, la pesca y el comercio.

Las ofrendas más comunes incluían:

- *Cosechas.* Granos como cebada, trigo y dátiles eran entregados regularmente. Se esperaba que los agricultores reservaran una parte de su producción para los templos, que además de su función religiosa, eran grandes centros económicos y de almacenamiento.

- *Ganadería.* Los animales, especialmente ovejas, cabras y bueyes, también formaban parte del tributo. Algunos se sacrificaban en rituales religiosos, mientras que otros se mantenían para uso del templo.

- *Comercio.* Los comerciantes entregaban una parte de sus ganancias o productos como tributo, reforzando así la idea de que todo beneficio material provenía de la bendición divina.

Además de los bienes materiales, las ofrendas podían incluir objetos de valor como metales preciosos, telas finas y cerámica elaborada. Estas ofrendas cumplían una doble función: honrar a los dioses para mantener su favor y garantizar la prosperidad futura, y sostener la estructura religiosa y administrativa de la sociedad mesopotámica.

El tributo a los dioses en Mesopotamia era una práctica esencial que vinculaba la economía, la religión y la organización social, reflejando la profunda creencia de que la prosperidad humana dependía de la voluntad divina.

Egipto

En el antiguo Egipto, el sistema de ofrendas y tributos estaba profundamente entrelazado con las creencias religiosas y la necesidad de mantener el orden cósmico, conocido como *ma'at.* Este concepto central de la cosmovisión egipcia abarcaba la justicia, el equilibrio, la verdad y la armonía universal. Para los egipcios, el mantenimiento de *ma'at* era esencial para la estabilidad del mundo, y uno de los medios para lograrlo era a través de la adoración constante a los dioses y la entrega de tributos materiales.

Aunque los egipcios no utilizaban el término "diezmo" en sentido literal o sistemático como en tradiciones posteriores, sus prácticas religiosas y fiscales eran conceptualmente similares. Se esperaba que tanto los campesinos como los funcionarios, comerciantes y artesanos ofrecieran una parte significativa de su producción o ingresos a los templos y al faraón, quien era considerado un intermediario directo entre los dioses y el pueblo.

Tipos de tributos y ofrendas:

- *Ofrendas agrícolas y ganaderas.* Los campesinos debían entregar parte de sus cosechas (como trigo, cebada, lino, frutas y vegetales) a los templos. También se ofrecían animales como toros, aves o cabras, especialmente durante festividades o rituales específicos.

- *Ofrendas votivas también conocidas como exvotos.* Objetos de valor —como joyas, amuletos, perfumes, estatuillas, tejidos finos y papiros— eran depositados en los templos como señal de devoción o para pedir favores a los dioses.

- *Tributo real.* Además del carácter religioso, los tributos también cumplían una función administrativa. El Estado egipcio, liderado por el faraón, recaudaba impuestos en especie (y en algunos periodos, también en trabajo o bienes manufacturados), parte de los cuales era destinado a sustentar el culto divino y la clase sacerdotal.

- *Templos como centros económicos.* Los templos no solo eran lugares de culto, sino también grandes complejos económicos que poseían tierras, almacenaban grano, administraban recursos y empleaban a miles de personas. Las ofrendas mantenían esta estructura funcionando y aseguraban la celebración continua de los rituales necesarios para preservar *ma'at*.

Estas prácticas eran vistas no solo como obligaciones religiosas, sino como deberes morales y sociales. Fallar en dar lo que correspondía a los dioses podía traer el caos o el desagrado divino, lo que afectaría no solo al individuo, sino a toda la comunidad.

En resumen, aunque el antiguo Egipto no conocía un

"diezmo" formalizado como porcentaje fijo, el principio de devolver a los dioses una parte de lo recibido estaba firmemente arraigado en su visión del mundo. Esta práctica reflejaba una teología en la que el equilibrio entre el cielo y la tierra dependía de la gratitud, la reciprocidad y el sostenimiento del orden cósmico.

Ofrendas a los dioses

Los egipcios ofrecían tributos regulares a los dioses en forma de bienes materiales (alimentos, animales, metales preciosos, etc.). Estas ofrendas eran depositadas en los templos, donde los sacerdotes las administraban. En algunos casos, la cantidad de ofrendas entregadas era significativa, especialmente durante festividades religiosas o eventos dedicados a los dioses como Ra, Isis o Osiris.

Impuestos sobre los cultivos y la ganadería

El faraón, considerado un intermediario entre los dioses y los humanos, exigía un porcentaje de la cosecha y de los bienes producidos, y gran parte de estos recursos se utilizaban para mantener el aparato estatal y religioso. El faraón tenía derecho a una porción de todos los productos agrícolas como tributo, y los sacerdotes recibían también una parte.

Distribución a los pobres y sacerdotes

Los templos en Egipto no solo eran lugares de culto, sino también centros de almacenamiento de recursos, que luego se redistribuían entre las personas más necesitadas, los sacerdotes y los trabajadores que mantenían el culto.

Canaán

La cultura cananea, que floreció en la región del Levante (actuales Siria, Líbano, Israel y Palestina), compartió numerosas influencias con civilizaciones vecinas como Mesopotamia, Egipto y los hititas. Su religiosidad era politeísta y estaba centrada en deidades como Baal, Astarté (o Ashera), El y

Anat. En este contexto, también practicaban sistemas de ofrendas y tributos tanto a los dioses como a las autoridades políticas y religiosas. Sin embargo, los registros sobre una institución formal equivalente al "diezmo" —como la que más tarde se observará en Israel— no son tan detallados ni estructurados.

- *Ofrendas religiosas*. Las prácticas cultuales incluían sacrificios animales, ofrendas de alimentos, vino, aceite, incienso y metales preciosos. Estos elementos eran depositados en altares y templos como formas de asegurar fertilidad, lluvia y protección divina. Muchas de estas ofrendas respondían a situaciones específicas (peste, sequía, guerra), y no necesariamente a una norma porcentual sistemática como el diezmo mosaico.

- *Influencia y sincretismo*. Dada la cercanía geográfica y cultural con Egipto y Mesopotamia, es probable que los cananeos hayan compartido ciertas prácticas fiscales o religiosas, aunque adaptadas a su propia cosmovisión. Por ejemplo, la entrega de bienes al templo o a la casta sacerdotal era habitual, aunque no está claramente documentado que existiera una obligación regular y fija del 10% de la producción.

- *Sacerdocio y poder local*. Los templos cananeos eran centros importantes no solo religiosos, sino también económicos y políticos. Los sacerdotes ejercían un rol destacado y, junto con los líderes locales (reyes o príncipes), recibían tributos en forma de productos agrícolas, ganaderos y manufacturados.

- *Prácticas polémicas*. Algunas fuentes bíblicas y arqueológicas mencionan prácticas rituales extremas en ciertos cultos cananeos, como sacrificios humanos —en especial de niños— ofrecidos a deidades como Moloc. Aunque estas referencias provienen en su mayoría de fuentes hebreas, están respaldadas parcialmente por hallazgos arqueológicos en lugares como Tofet (Cartago, de tradición fenicio-cananea), lo que da cuenta de la profundidad y gravedad de ciertas expresiones religiosas.

Los cananeos practicaban una forma estructurada de rendir culto a sus deidades mediante ofrendas y tributos, no hay evidencia clara de que existiera un sistema formalizado de "diezmo" como el que se instauró más tarde en la ley mosaica del pueblo de Israel. No obstante, la lógica religiosa de devolver parte de los bienes a lo divino —por temor, agradecimiento o petición de favores— estaba plenamente presente, reflejando una cosmovisión que vinculaba lo material con lo sagrado.

Ofrendas a Baal y Astarté

Luego, ofrecían sacrificios y tributos a sus dioses, principalmente a Baal y Astarté, dioses de la fertilidad y la agricultura. Estas ofrendas, a veces en forma de productos agrícolas, animales y otros bienes, eran consideradas una manera de asegurar la bendición de los dioses para las cosechas y la prosperidad.

El papel de los templos

Los templos en Canaán también funcionaban como centros de distribución, no solo de bienes religiosos, sino también de recursos materiales. Aunque no existe un registro tan específico como el diezmo israelita, se sabe que los habitantes locales debían contribuir regularmente con productos agrícolas y tributos para mantener las estructuras religiosas y el culto a los dioses.

Prácticas similares al diezmo

En algunos textos antiguos de Ugarit, se menciona el uso de una parte de las cosechas para los cultos religiosos, lo que puede reflejar una práctica similar a la del diezmo, aunque no siempre se especificaba un porcentaje exacto.

Aunque el diezmo como concepto formal no era exclusivo de Israel, las prácticas de entrega de una porción de los recursos a las autoridades religiosas eran comunes en diversas culturas contemporáneas, como Mesopotamia, Egipto y Canaán. En estas culturas, el acto de dar un porcentaje de la producción agrícola, el ganado o los tributos a los dioses y a los templos tenía un propósito religioso, social y político. Sin embargo, mientras que en Israel el diezmo tenía una base religiosa y social clara que incluía la justicia y el bienestar de la comunidad, en estas otras culturas también se observaban dinámicas de poder político y económico que influían en la distribución de los bienes. Esto nos permite entender mejor el contexto en el que el diezmo israelita se desarrolló y cómo sus principios influyeron en las prácticas religiosas y sociales de la época.

¿Qué significaba dar una décima parte en aquellas sociedades?

Dar una décima parte (el diezmo) en las sociedades antiguas, como las de Mesopotamia, Egipto, Canaán e Israel, tenía varios significados profundos y multifacéticos que no solo se limitaban al acto de entregar una porción de los recursos, sino que reflejaban una relación intrínseca con la religión, la autoridad política, la justicia social y la economía. A continuación, se detallan los principales significados de dar una décima parte en estas culturas.

Reconocimiento de la soberanía divina

En muchas de estas sociedades, el diezmo representaba un acto de reconocimiento de la soberanía de los dioses o de una autoridad suprema, ya fuera divina o política. Era una forma de reconocer que las bendiciones y los recursos, como las cosechas, la ganadería, o las riquezas en general, provenían de los dioses o de la autoridad del rey.

En Mesopotamia y Egipto, los reyes y los sacerdotes a menudo se veían a sí mismos como representantes de los dioses en la Tierra. Al dar el diezmo, el pueblo no solo rendía homenaje a la divinidad, sino que también afirmaba su sumisión a la autoridad del faraón o del rey, quien actuaba como intermediario entre los dioses y los hombres.

En Israel, el diezmo era una forma de reconocer la soberanía de Dios sobre el pueblo y sus recursos. Al entregar una décima parte de la cosecha o del ganado, los israelitas expresaban su dependencia de Dios, reconociendo que todo lo que tenían provenía de Él.

Obligación religiosa

El diezmo también representaba una obligación religiosa. Era un mandato que las personas debían cumplir como parte de su fidelidad a la fe y a las leyes de su comunidad. En las culturas mesopotámicas, egipcias y cananeas, esta práctica estaba vinculada a las instituciones religiosas y a la organización de los templos, que eran los centros de culto y distribución de recursos.

En Mesopotamia, los templos eran el centro del poder religioso y, a menudo, económico. Los recursos recolectados por los templos no solo se usaban para mantener las prácticas religiosas, sino también para financiar la construcción de monumentos y otros proyectos asociados con la gloria de los dioses.

En Israel, el diezmo no solo se usaba para sostener a los sacerdotes y el templo, sino también para apoyar a los necesitados, como los huérfanos, las viudas y los extranjeros, como se muestra en el Antiguo Testamento (Deuteronomio 14:28-29). Era una forma de justicia social que reflejaba el compromiso con los valores divinos de equidad y solidaridad.

Vínculo con la comunidad

El diezmo desempeñaba un papel en la cohesión social y el fortalecimiento de la comunidad. En las sociedades antiguas, el diezmo no solo era un acto individual de devoción, sino también un medio para contribuir al bienestar colectivo.

En Egipto, por ejemplo, la entrega de tributos o una parte de las cosechas no solo sostenía a los templos, sino también a las estructuras gubernamentales, asegurando la prosperidad del reino y la justicia social. El sistema de tributación también garantizaba que las clases bajas pudieran ser asistidas en momentos de hambre o dificultad.

En Israel, el diezmo servía para mantener el sistema sacerdotal, pero también era un mecanismo para garantizar que los más desfavorecidos en la sociedad tuvieran acceso a recursos básicos. Este acto estaba impregnado de un profundo sentido de solidaridad comunitaria, recordando a los fieles que la prosperidad individual no podía ser separada de la prosperidad de toda la comunidad.

Mantener el orden cósmico y la prosperidad

En las civilizaciones de Mesopotamia y Egipto, el diezmo tenía el propósito de asegurar el orden cósmico. Estas sociedades creían que el universo estaba gobernado por fuerzas divinas que debían ser apaciguadas para que la tierra fuera fértil, las cosechas fueran abundantes y la sociedad permaneciera próspera.

En Egipto, el diezmo era considerado parte de las prácticas que mantenían el equilibrio cósmico, conocido como la ma'at. Si los egipcios no daban a los dioses la décima parte de sus recursos, podían temer que la tierra se volviera estéril y el orden natural se desmoronara.

En Mesopotamia, el diezmo era entendido como una forma de mantener el favor de los dioses, asegurando que las cosechas fueran buenas y que la ciudad o el imperio prosperara. De hecho, muchas de las principales deidades, como Marduk y Enlil, se asociaban con la abundancia de la tierra y la protección de las ciudades, y los tributos y diezmos se daban para asegurar su favor.

Reforzamiento de la autoridad política

En algunas culturas, especialmente en Mesopotamia y Egipto, el diezmo no solo tenía un aspecto religioso, sino también político. La entrega de una décima parte era, en muchos casos, un mecanismo para asegurar la lealtad y la sumisión de la población a los gobernantes.

En Mesopotamia, la realeza utilizaba el diezmo no solo como una práctica religiosa, sino también como una forma de recaudar impuestos. De hecho, muchas veces los impuestos se presentaban bajo el disfraz de ofrendas religiosas, y el rey se consideraba el delegado de los dioses para recibir estos tributos. En Egipto, el faraón, como divinidad viviente, recibía una porción significativa de los tributos y diezmos, no solo para sostener los templos, sino para mantener el aparato estatal y militar, lo que aseguraba su control sobre el pueblo.

Sustento del clero y las instituciones religiosas

El diezmo cumplía una función crucial para el sustento del clero y las instituciones religiosas. Era una manera de garantizar que los sacerdotes y las estructuras religiosas pudieran mantener sus funciones, realizar sacrificios, cuidar de los templos y educar al pueblo en la adoración y la moral religiosa.

En Israel, los levitas, que eran los encargados de los servicios del templo, dependían del diezmo para su sustento, ya que no poseían tierras propias (Números 18:21). De igual manera, en Mesopotamia y Egipto, los sacerdotes vivían de los recursos ofrecidos por el pueblo y los diezmos proporcionaban los medios para mantener a los templos, donde se realizaban sacrificios, rituales y celebraciones religiosas.

Dar una décima parte en las sociedades antiguas no solo era un acto de devoción religiosa, sino que también tenía implicaciones políticas, económicas y sociales profundas. Representaba un reconocimiento de la soberanía divina, una obligación religiosa, un vínculo con la comunidad, una forma de mantener el orden cósmico, y un mecanismo para reforzar la autoridad política y sustentar el clero. Esta práctica reflejaba la interconexión de la vida religiosa, social y económica en estas culturas, y ayudaba a garantizar la estabilidad y la prosperidad tanto a nivel personal como colectivo.

Existen descubrimientos arqueológicos que revelan prácticas similares al diezmo (aportación de una décima parte de los bienes o cosechas) en varias civilizaciones antiguas. Aquí algunos ejemplos relevantes:

Mesopotamia (Sumeria y Babilonia)

Textos cuneiformes (como el Código de Hammurabi, siglo XVIII a.C.) mencionan impuestos religiosos y tributos a los templos, que en algunos casos incluían un 10% de las cosechas o ganado.

En Ur y Uruk, los templos sumerios (zigurats) funcionaban como centros económicos y recibían donaciones en especie, que podían incluir porcentajes fijos de la producción.

Antiguo Egipto

Los templos egipcios (como el de Karnak o Luxor) recibían parte de las cosechas como ofrendas a los dioses. Aunque no siempre era exactamente el 10%, existían impuestos religiosos y estatales basados en la producción agrícola.

En el Imperio Nuevo (1550-1070 a.C.), los sacerdotes administraban grandes almacenes de grano proveniente de "contribuciones".

Levante (Fenicia y Canaan)

En Ugarit (actual Siria), tablillas del siglo XIII a.C. mencionan ofrendas a los templos que incluían porcentajes de la producción.

La Biblia hebrea (Antiguo Testamento) registra el diezmo ("ma'aser") como obligación religiosa en Israel (Génesis 14:20, Levítico 27:30). Hallazgos arqueológicos, como ostracas (fragmentos de cerámica con inscripciones) en Lakish o Arad, confirman donaciones a templos judíos.

Grecia

En la antigua Grecia, la práctica de entregar una décima parte de los bienes o ganancias —conocida como *dekátē*— estaba profundamente arraigada en la vida religiosa y cultural. Esta ofrenda no era obligatoria en todos los contextos, pero sí estaba normativamente establecida como un gesto de gratitud, expiación o dedicación a los dioses. Se aplicaba a múltiples ámbitos:

Botín de guerra. Era común que los generales y soldados victoriosos consagraran una décima parte del botín obtenido en batalla a una deidad, como forma de agradecimiento. Estos bienes eran llevados a templos importantes, como el de Apolo en Delfos o el de Atenea en Atenas. El Tesoro de los Atenienses en Delfos es un ejemplo icónico: construido con parte del botín tras la victoria en Maratón, simbolizaba la gratitud al dios y el poder de la polis.

Cosechas y comercio. Algunos agricultores y comerciantes ofrecían una décima parte de sus ganancias o producción como ofrenda voluntaria o en cumplimiento de votos hechos a los dioses. Estas ofrendas podían tomar forma de alimentos, vino, aceite, ganado, o incluso estatuillas y objetos votivos.

Consagración personal. En ocasiones, los ciudadanos ofrecían una décima parte de sus ingresos tras recibir beneficios excepcionales (una herencia, la recuperación de una enfermedad, el éxito en un juicio), como acto de devoción y reconocimiento divino.

Cabe destacar que la *dekátē* no era necesariamente un sistema centralizado ni universalmente exigido por el Estado griego, sino una práctica habitual en el marco de la religiosidad y el deber cívico individual hacia los dioses.

Roma

En Roma, el diezmo —conocido como *decuma* (del latín *decimus*, "décimo")— tuvo un desarrollo más claramente fiscal, aunque sus orígenes también se relacionaban con el sostenimiento de los cultos religiosos.

Etapa temprana (monarquía y primeros siglos de la República). La decuma era un tributo agrícola entregado al Estado o al templo. Campesinos y terratenientes debían entregar la décima parte de su producción, que en algunos casos era administrada directamente por los templos. En este sentido, se asemejaba a otras formas de tributo religioso del mundo antiguo.

Imperio y centralización fiscal. Con el paso del tiempo, la decuma evolucionó hacia un impuesto formal recogido por el publicanus (recaudador de impuestos), especialmente en las provincias conquistadas. Este impuesto agrícola se aplicaba sobre productos como trigo, cebada, vino y aceite, y su objetivo era sostener la estructura estatal más que el culto religioso. En ocasiones, el tributo llegaba a ser abusivo, lo que provocó revueltas o tensiones con las poblaciones sometidas.

Elementos religiosos y políticos: Aunque en el periodo imperial la carga fiscal era eminentemente económica, la simbología religiosa no desapareció del todo. El emperador, como *Pontifex Maximus*, era también responsable del orden religioso del Estado, y parte de los impuestos podían destinarse al mantenimiento de templos, sacerdotes y rituales oficiales.

Tanto en Grecia como en Roma, el acto de entregar una décima parte tenía un profundo valor simbólico, aunque su motivación y aplicación evolucionaron de lo espiritual a lo político. En Grecia, la *dekátē* surgía de la relación personal con lo divino, mientras que en Roma, la *decuma* se institucionalizó como un mecanismo fiscal al servicio del imperio. Estos antecedentes muestran cómo el concepto del diezmo —en su forma religiosa o tributaria— ha acompañado a la humanidad mucho antes de su sistematización en la tradición judeocristiana.

Evidencia arqueológica

- Tablillas de Ebla (Siria, 2500 a.C.): Registran contribuciones a templos.
- Inscripciones fenicias: Mencionan ofrendas del 10% a dioses como Baal.
- Monedas y almacenes de grano: En sitios como Masada o Qumrán, se han encontrado evidencias de depósitos vinculados a diezmos judíos.

El diezmo no era exclusivo del judaísmo o cristianismo, sino una práctica extendida en culturas antiguas, ligada a lo religioso y lo tributario. Los hallazgos arqueológicos respaldan su existencia como un sistema organizado de sostenimiento de templos y elites sacerdotales.

Diferencia entre tributo, impuesto y ofrenda voluntaria

La diferencia entre tributo, impuesto y ofrenda voluntaria radica fundamentalmente en su origen, propósito, obligatoriedad y destinatario. Aunque en la Biblia y en las culturas antiguas estos términos a veces pueden entrelazarse, cada uno representa un concepto distinto que es importante comprender para estudiar correctamente temas como el diezmo. Aquí te explico cada uno:

Tributo

El tributo era una obligación impuesta por un poder superior, generalmente un rey o imperio conquistador, que exigía el pago regular de bienes, cosechas, ganado o dinero por parte de pueblos subyugados.

Características

- Era forzado por un poder político o militar.

- Su origen es político o militar, no religioso.

- Se entregaba como señal de sumisión o lealtad al gobernante o nación dominante.

- Se recogía como parte de un acuerdo de vasallaje o tras una conquista.

Ejemplo bíblico. Israel pagó tributo a Egipto, Asiria y Babilonia en varios momentos de su historia. (2 Reyes 17:3-6). Estos tributos se daban en forma de bienes materiales, oro, plata y otros recursos, que las potencias imperiales exigían para mantener su hegemonía y controlar territorios periféricos. Esta práctica no era exclusiva de Israel, sino común en el mundo antiguo, donde los reinos más poderosos exigían tributos a los más débiles para consolidar su dominio.

Por tanto, el pago de tributo por parte de Israel es un reflejo de la realidad geopolítica de la época, en la que la independencia política de los pequeños reinos estaba condicionada por la presión de los imperios vecinos, más poderosos militar y económicamente.

Impuesto

El impuesto es una contribución obligatoria establecida por una autoridad civil (rey, gobierno o sistema estatal) con el fin de sostener la administración pública, el ejército, infraestructuras y otros servicios.

Características

- Obligatorio para todos los ciudadanos o súbditos.

- Recaudado para mantener el funcionamiento del Estado.

- Puede ser en especie (grano, animales) o en dinero.

- A veces se justifica religiosamente, pero es esencialmente civil.

Ejemplo bíblico

- El impuesto del censo ordenado por César Augusto (Lucas 2:1).
- Jesús menciona "dar al César lo que es del César" (Mateo 22:21).

Ofrenda voluntaria

La ofrenda voluntaria es un acto libre y personal de adoración, gratitud o compromiso hacia Dios. No está sujeta a una cantidad fija ni a una obligación sistemática.

Características

- Nace del corazón del creyente, no por mandato externo.
- Puede ser económica, material o simbólica.
- Se da como una expresión de adoración, agradecimiento o fe.
- No se castiga su ausencia, pero se valora su sinceridad.

Ejemplo bíblico

- La viuda que dio dos pequeñas monedas con todo su corazón (Marcos 12:41-44).
- Las ofrendas para la construcción del tabernáculo (Éxodo 35:5,21) fueron "todo aquel cuyo corazón le movió".

Comprender estas diferencias es clave al estudiar el diezmo, pues muchas veces se confunde con un impuesto o con una ofrenda voluntaria, cuando en realidad tenía un carácter mixto: era obligatorio en Israel según la Ley Mosaica, pero distinto de los impuestos al Estado y también distinto de las ofrendas voluntarias.

En el contexto cristiano actual, esta distinción ayuda a discernir si ciertas enseñanzas o prácticas sobre el diezmo son bíblicamente sólidas, históricamente justificadas o simplemente adaptaciones modernas sin base escritural sólida.

Capítulo 2
El primer diezmo en la Biblia: Abraham y Melquisedec

El relato de Génesis 14 nos transporta a un momento clave en la historia patriarcal. Abram (aún no llamado Abraham) acaba de rescatar a su sobrino Lot tras una guerra regional. A su regreso, ocurre un episodio enigmático:

> "Entonces Melquisedec, rey de Salem y sacerdote del Dios Altísimo, sacó pan y vino; y le bendijo, diciendo: «Bendito sea Abram del Dios Altísimo, creador de los cielos y de la tierra; y bendito sea el Dios altísimo, que entregó tus enemigos en tu mano». Y le dio Abram los diezmos de todo".

Este encuentro entre Abram y Melquisedec, narrado en Génesis 14, está cargado de simbolismo teológico e histórico y ocurre en un momento crucial de la historia patriarcal, antes de que Dios establezca el pacto de la circuncisión en Génesis 17 y mucho antes de la entrega de la Ley mosaica en el Sinaí.

Este detalle es muy importante: el diezmo que Abram entrega a Melquisedec sucede fuera del marco legal y ritual que posteriormente se institucionalizará con Moisés. Es decir, no está condicionado por una ley divina escrita, ni forma parte de un sistema religioso estructurado. Por tanto, no puede tomarse como modelo obligatorio o universal para la práctica del diezmo bajo el marco de la Ley, ni mucho menos en el contexto cristiano posterior al Nuevo Testamento.

Melquisedec aparece de forma abrupta y enigmática. No se menciona su linaje, ni su origen, ni su destino, lo cual es muy inusual en el texto bíblico, que suele ser meticuloso al registrar genealogías. Lo vemos descrito como "rey de Salem" (tradicionalmente identificado con Jerusalén) y "sacerdote del Dios Altísimo", un título que subraya su relación directa con el único Dios verdadero, incluso en ausencia de la revelación formal dada a Israel más adelante.

Este personaje aparece, bendice a Abram y recibe de él el diezmo del botín recuperado. Y todo eso sucede en una época en la que no existía aún Israel como nación, no existía sacerdocio levítico, no había tabernáculo, ni templo, ni tribus, ni siquiera mandamientos escritos. Esto enfatiza aún más que el acto de Abram fue profundamente libre y simbólico, más cercano a un gesto de honra y reconocimiento espiritual que a una norma financiera o religiosa.

Y lo más llamativo es que Melquisedec no vuelve a aparecer activamente en la narrativa hasta que es mencionado en Salmo 110:4 y luego en Hebreos 7, donde se usa su figura no para hablar de diezmo obligatorio, sino para señalar que Jesús es un sacerdote eterno "según el orden de Melquisedec", es decir, un sacerdocio diferente al levítico, uno basado no en genealogía ni ley, sino en una relación directa con Dios. Irónicamente, lo que algunos usan para justificar la práctica moderna del diezmo, en realidad señala un camino de fe, de libertad y de una relación que no depende de estructuras religiosas humanas.

El sacerdocio de Melquisedec no es un modelo a replicar por los líderes actuales, ni mucho menos una justificación para cobrar un tributo del 10% a la iglesia. Los pastores del Nuevo Testamento no son sacerdotes en el sentido levítico ni melquisedequiano, sino siervos, ministros del evangelio, y administradores, no recaudadores de impuestos espirituales.

Atribuirse la figura de Melquisedec para imponer el diezmo es una manipulación teológica, pues solo Cristo cumple ese rol eterno, perfecto e intransferible. La iglesia no está bajo la ley, sino bajo la gracia; no está sujeta a estructuras sacerdotales terrenales, sino llamada a vivir en libertad y responsabilidad delante del Señor.

¿Quién es Melquisedec?

El nombre Melquisedec (hebreo: מַלְכִּי־צֶדֶק, *Malkî-Tsedeq*) significa "Rey de Justicia", una combinación de *melek* (rey) y *tsedeq* (justicia). Esta designación ya revela una dimensión espiritual y moral, no solo política, que lo vincula con el carácter divino. La justicia es uno de los atributos fundamentales de Dios, y Melquisedec encarna esa cualidad en su nombre.

Títulos: Rey de Salem y Sacerdote del Dios Altísimo

A Melquisedec se lo presenta en Génesis 14:18 como el "Rey de Salem", y Salem es generalmente identificado con la antigua Jerusalén (Salmo 76:2). También es "Sacerdote del Dios Altísimo" (*El Elyon*), un título singular en ese contexto, ya que en este período patriarcal no existía aún un sacerdocio organizado en Israel.

La unión de realeza y sacerdocio en una misma persona lo distingue notablemente. En la ley mosaica, los sacerdotes y los reyes tenían funciones separadas. Pero Melquisedec combina ambas, lo que prefigura a Jesucristo, quien también es Rey y Sacerdote.

Sin genealogía ni descendencia registrada

En Hebreos 7:3, se dice de Melquisedec que es:

> "sin padre, sin madre, sin genealogía; que
> no tiene principio de días, ni fin de vida, sino

> hecho semejante al Hijo de Dios, permanece sacerdote para siempre".

Esto no significa que fuera un ser divino o eterno, sino que la Escritura guarda silencio sobre sus orígenes y descendencia, lo cual es intencional y simbólico. En el mundo hebreo, la genealogía era esencial para establecer la autoridad sacerdotal (ver Números 3), pero Melquisedec es presentado sin linaje, lo que lo coloca fuera del sistema levítico.

Esto lo convierte en un tipo de Cristo, no por identidad, sino por función y símbolo. Jesús tampoco era levita (era de la tribu de Judá), por tanto, su sacerdocio no puede ser según la Ley de Moisés, sino según el orden de Melquisedec (*cf.* Hebreos 7:11-17). Mientras el sacerdocio levítico era temporal y hereditario, el sacerdocio de Cristo es eterno y divinamente instituido.

Melquisedec como figura mesiánica
El Salmo 110:4 dice:

> "Juró Jehová, y no se arrepentirá: Tú eres sacerdote para siempre según el orden de Melquisedec".

Este verso mesiánico es citado varias veces en Hebreos, subrayando que Jesucristo es el cumplimiento de esa figura sacerdotal única. Melquisedec fue una sombra del sacerdocio eterno, universal y superior de Cristo, no atado a la Ley, ni a un sistema terrenal, ni a una economía religiosa basada en tributos humanos.

Relevancia frente a la doctrina de la prosperidad
Los predicadores de la prosperidad suelen usar Génesis 14:20 para justificar el diezmo obligatorio como principio eterno.
Pero:

- Abram dio un diezmo una sola vez, voluntaria y exclusivamente del botín de guerra.

- No se establece como norma ni se repite como obligación espiritual.

- El acto fue una respuesta de honor a un sacerdote-rey que representa un tipo de Cristo, no un mandamiento dado por Dios.

Además, el uso del pasaje fuera de su contexto para promover la acumulación material contradice el espíritu mismo de Melquisedec, quien no pidió tributos ni representaba una religión interesada en riquezas, sino en justicia, paz y devoción genuina al Dios Altísimo.

Melquisedec es una figura rica en simbolismo, que anticipa a Cristo no solo por su papel como sacerdote-rey, sino por su desconexión con los sistemas religiosos humanos. Su aparición breve, pero impactante, en el Génesis y su profunda interpretación en Hebreos, nos muestra que el verdadero sacerdocio, el de Cristo, no se basa en leyes ni tributos, sino en justicia eterna, gracia y verdad.

Referencias bíblicas y su significado

En el Salmo 110:4 encontramos esta profecía mesiánica:

> "Juró Jehová, y no se arrepentirá: Tú eres sacerdote para siempre según el orden de Melquisedec".

Este versículo es clave, pues Dios promete que el Mesías (Cristo) no tendría un sacerdocio levítico tradicional, sino uno eterno como Melquisedec.

El Nuevo Testamento también nos muestra a Jesús como Sacerdote según el Orden de Melquisedec:

> "Tampoco Cristo se glorificó a sí mismo haciéndose sumo sacerdote, sino el que le dijo:
> Tú eres mi Hijo, yo te he engendrado hoy.
> Como también dice en otro lugar: Tú eres sa-

cerdote para siempre, según el orden de Melquisedec" (Hebreos 5:5).

En Hebreos 7:1-3 ya se hace una comparación directa entre Melquisedec y Jesús:

> "Porque este Melquisedec, rey de Salem, sacerdote del Dios Altísimo, [...] sin padre, sin madre, sin genealogía; que ni tiene principio de días, ni fin de vida, sino hecho semejante al Hijo de Dios, permanece sacerdote para siempre".

Pan y vino: símbolos proféticos en la figura de Melquisedec

En Génesis 14:18, se nos dice:

> "Entonces Melquisedec, rey de Salem y sacerdote del Dios Altísimo, sacó pan y vino".

Este versículo encierra una riqueza simbólica y teológica que ha capturado la atención de intérpretes bíblicos durante siglos. Aunque el texto no ofrece una explicación explícita del acto, su inclusión no es casual: en medio de una escena bélica y de botín, aparece una figura pacífica, espiritual, que ofrece pan y vino.

Pan y vino: más que hospitalidad

En el contexto antiguo, ofrecer pan y vino podía interpretarse como un gesto de hospitalidad y honor hacia un huésped victorioso. Sin embargo, este no era un requerimiento ritual ni una práctica cultural habitual en las bendiciones patriarcales. Lo significativo es que no ofrece animales, ni incienso, ni sacrificios, sino pan y vino, lo que ha llevado a numerosos intérpretes cristianos a ver en este acto un gesto anticipatorio, una prefiguración de la Santa Cena.

Una figura profética de la Cena del Señor

Muchos teólogos ven en este momento una sombra profética del Nuevo Pacto, en el cual Cristo, como Sumo Sacerdote según el orden de Melquisedec, instituye el pan y el vino como símbolos de su cuerpo y sangre:

> "Tomad, comed; esto es mi cuerpo… Bebed de ella todos; porque esto es mi sangre del nuevo pacto…" (Mateo 26:26-28).

Así como Melquisedec no pertenecía al sacerdocio levítico, Jesús tampoco lo hizo, y ambos presentan una forma de sacerdocio superior y distinta, que no se basa en sacrificios rituales, sino en comunión, entrega y redención.

La autoridad espiritual de Melquisedec

Después de ofrecer pan y vino, Melquisedec bendice a Abram:

> "Y lo bendijo, diciendo: Bendito sea Abram del Dios Altísimo…" (Génesis 14:19).

Este acto revela su autoridad espiritual. En la cultura bíblica, el mayor bendice al menor (Hebreos 7:7), por lo que la bendición de Melquisedec sobre Abram indica que, espiritualmente, él ocupaba una posición superior. Esto refuerza su rol como tipo de Cristo, quien es mayor que Abraham (Juan 8:58).

Una escena que contrasta con la doctrina de la prosperidad

La escena de Melquisedec no es sobre enriquecimiento, impuestos o demandas económicas, sino sobre bendición divina, comunión y sacerdocio eterno.

El pan y el vino no fueron impuestos, sino dados. No hubo un cobro, ni un sistema piramidal de riquezas espirituales por pagos materiales. La bendición de Melquisedec fue gratuita, como lo es el Evangelio de Cristo.

El acto de ofrecer pan y vino por parte de Melquisedec no puede ser interpretado como una simple cortesía. En la economía simbólica de la Biblia, es un gesto cargado de profundidad espiritual. Anticipa el Nuevo Pacto, donde Cristo no exige tributo, sino que se entrega a sí mismo como pan y vino para todos.

Cualquier intento de usar esta escena para justificar exigencias financieras dentro del cristianismo moderno distorsiona su esencia. En lugar de demandas, aquí vemos entrega y comunión.

El diezmo de Abram[1]

Es fundamental entender con claridad lo que realmente ocurrió en el pasaje de Génesis 14 para desmontar muchas de las ideas erróneas que circulan hoy en día sobre la práctica del diezmo. En este episodio, Abram no entrega un diezmo de sus propios bienes ni como una obligación ritual impuesta por Dios, sino que da el diezmo de bienes ajenos, específicamente del botín de guerra que había sido arrebatado a Sodoma y Gomorra.

La secuencia de los hechos es clara: una coalición de reyes invade varias ciudades del valle, entre ellas Sodoma, y toma cautivos a sus habitantes, incluyendo a Lot, el sobrino de Abram, junto con todos sus bienes. Al enterarse, Abram reúne a sus hombres, persigue a los invasores, los derrota y recupera tanto a los cautivos como los bienes que habían sido saqueados. Es en este contexto que aparece Melquisedec, rey de Salem y sacerdote del Dios Altísimo. Abram le da el diezmo de todo lo que había recuperado, pero lo que muchos pasan por alto —y lo que debe ser subrayado con fuerza— es que ese "todo" no le pertenecía a él. No era fruto de su trabajo, ni de su herencia, ni de su producción personal. Eran bienes que originalmente pertenecían a los habitantes de Sodoma y Gomorra, recuperados en el marco de una operación militar de rescate.

---

[1] Aún no se le había cambiado el nombre a Abraham.

Esto cambia radicalmente la forma en que deberíamos interpretar el acto de Abram. No estamos ante una orden sistemática de dar el diez por ciento de todo lo que uno gana, como se enseña en muchas iglesias hoy en día. Lo que hizo Abram fue un acto puntual, libre y simbólico, como señal de gratitud por la victoria obtenida, y como reconocimiento de la intervención divina. Pero el diezmo no salió de su hacienda personal. De hecho, inmediatamente después de entregar el diezmo, cuando el rey de Sodoma le ofrece que se quede con el resto del botín, Abram lo rechaza con firmeza. Dice:

> "He alzado mi mano al Señor, Dios Altísimo, creador de los cielos y de la tierra, que no tomaré ni un hilo ni una correa de calzado, ni nada de lo que es tuyo, para que no digas: yo enriquecí a Abram" (Génesis 14:22-23).

Este detalle es revelador. Abram no solo no se quedó con el botín de guerra, sino que explícitamente se niega a apropiarse de lo que no le pertenece, incluso después de haber arriesgado su vida y la de sus hombres para recuperarlo. Este acto de integridad desmonta cualquier idea de que el diezmo bíblico, en este caso, tenga que ver con un derecho del sacerdote sobre las riquezas personales del fiel. El diezmo de Abram no es un modelo de imposición religiosa, ni un sistema de financiamiento obligatorio para instituciones humanas. Es un acto de devoción libre, de entrega simbólica y de profundo respeto por la justicia. Él entendía que esos bienes no eran suyos y que, por tanto, no debía lucrarse con ellos.

En contraste, muchas doctrinas modernas sobre el diezmo convierten este gesto extraordinario en una regla generalizada y mecánica. Se enseña que cada creyente debe entregar automáticamente el 10% de sus ingresos como muestra de fidelidad a Dios, muchas veces sin considerar si esas enseñanzas tienen fundamento real en los textos bíblicos ni si se respetan los principios éticos y contextuales que están en juego. Pero cuando uno vuelve a la fuente, al relato original, descubre algo muy distinto: un hombre justo, agradecido, generoso, que actúa con responsabilidad y con respeto hacia los demás, incluso cuando habría tenido la oportunidad de enriquecerse.

Lo que Abram diezmó no era suyo. Esa es la clave. Él entendió que no tenía derecho a apropiarse de lo que pertenecía a otros, aunque lo hubiera recuperado con sus propias manos. Diezmó de lo que se había recuperado de Sodoma y Gomorra como acto de adoración, no como obligación. No lo hizo para ganar favor, ni porque se lo exigiera la ley —la Ley de Moisés aún no existía—, ni porque alguien le impusiera una norma religiosa. Lo hizo desde la libertad y el discernimiento, y luego devolvió el resto a sus legítimos dueños. Cualquier enseñanza moderna sobre el diezmo que no respete este principio fundamental, pierde de vista la esencia misma del acto de Abram y lo distorsiona para beneficio de estructuras que muchas veces no buscan la justicia, la transparencia ni la compasión que sí guiaron las decisiones de aquel patriarca.

Por tanto, si queremos hablar de diezmo con fundamento, hay que empezar reconociendo este hecho: Abram no diezmó de lo suyo, diezmó de lo recuperado. Y luego no se quedó con nada. Así, el primer ejemplo de diezmo en la Biblia es, en realidad, un acto de entrega sin beneficio personal, profundamente espiritual y éticamente intachable. Todo lo contrario a muchas prácticas que, en nombre de Dios, hoy exigen sin rendir cuentas, recaudan sin devolver y se benefician de lo que no les pertenece.

- Abram da el diezmo del botín (no de sus bienes personales) a Melquisedec.

- No hay mandamiento que lo obligue. Es un acto espontáneo, voluntario y honorífico, dirigido a una figura espiritual.

- No es un diezmo regular o sistemático, como el que más tarde se estipula en la Ley.

- En Hebreos 7, se usa este acto para mostrar que Melquisedec es superior a Leví, ya que Abram (antepasado de los levitas) le da diezmos a él.

Significado teológico

- No hay mandato divino para diezmar en este pasaje. El acto de Abram es único, no prescriptivo.

- El diezmo en este contexto no establece un patrón obligatorio para los creyentes, sino que es honor al sacerdote-rey y símbolo de reconocimiento al Dios Altísimo.

- El Nuevo Testamento toma esta escena para exaltar el sacerdocio de Cristo según el orden de Melquisedec (Hebreos 5–7), no para imponer el diezmo como mandato cristiano.

¿Fue un acto voluntario o normativo?

El texto no indica que Dios le haya ordenado a Abram dar el diezmo, ni que fuera una práctica repetida entre los patriarcas. De hecho, este es un acto único y puntual, no sistemático.

- *Voluntario:* La narrativa sugiere que Abram actuó movido por gratitud y reconocimiento espiritual ante un sacerdote de Dios. No hay ninguna indicación de que se le exigiera este diezmo, ni que fuera habitual en su vida.

- *No normativo:* Este acto no se convierte en ley ni se transmite como mandato familiar. Isaac y Jacob no aparecen repitiéndolo (aunque Jacob hará un voto de diezmo en Génesis 28, pero de forma distinta). No existe aún una nación ni un sacerdocio organizado.

Este diezmo es, por lo tanto, espontáneo y devocional, no parte de un sistema religioso institucionalizado.

Interpretaciones judías y cristianas posteriores

Judaísmo rabínico

- **Talmud (Nedarim 32a)**: Se reconoce la entrega de Abram como muestra de devoción, pero se debate si fue una costumbre cultural común.
- **Midrash**: Algunos textos interpretan este acto como una forma de reconocimiento del sacerdocio superior de Melquisedec.

Cristianismo:

- Epístola a los Hebreos (7:1–10): Aquí se desarrolla una teología profunda:
- Se afirma que Melquisedec es superior a Leví (quien aún no había nacido).
- Se enseña que Cristo es "sacerdote según el orden de Melquisedec".
- Se usa el acto de Abram para demostrar que el sacerdocio de Cristo trasciende la ley mosaica.

El texto cristiano no usa este pasaje para justificar el diezmo en la iglesia, sino para establecer la superioridad de Cristo como sacerdote eterno.

Primera aparición del diezmo en la Biblia, pero sin ley ni institución regular

Este diezmo no se repite, ni se presenta como ejemplo a seguir, sino que sirve como tipo o sombra, usado por los escritores neo-testamentarios para hablar de la supremacía del sacerdocio de Cristo, no para establecer doctrina financiera.

El texto de Génesis 14:18–20 no puede usarse como base doctrinal para exigir el diezmo en la iglesia. Su uso en la Escritura es tipológico y cristocéntrico, no legal ni sistemático. El acto de Abram fue voluntario, no normativo, y realizado en un contexto de victoria y gratitud, no bajo una ley o institución religiosa. En definitiva, este pasaje nos lleva más a Cristo como Sumo Sacerdote que a una regla financiera para el creyente.

La importancia de este episodio radica, no en establecer una norma sobre los bienes materiales, sino en mostrar cómo la adoración auténtica surge de un corazón agradecido y discernidor del obrar divino.

Exégesis de Génesis 28:10–22: El voto de Jacob en Bet-el

Jacob está huyendo de su hogar tras engañar a su padre Isaac y usurpar la bendición de su hermano Esaú. Está en una situación de fragilidad emocional y espiritual, marcado por la culpa, el temor y la incertidumbre.

> "Y salió Jacob de Beerseba, y fue a Harán"
> (v.10).

Llega a un lugar desolado, sin compañía, sin hogar, durmiendo con una piedra por almohada. Este entorno refuerza su soledad y vulnerabilidad.

Jacob sueña con una escalera (o ziggurat) que conecta el cielo y la tierra, con ángeles que suben y bajan. Esta imagen es muy rica simbólicamente:

- La escalera sugiere comunicación entre Dios y los hombres, algo que Jacob no buscaba, pero Dios inicia.

- Los ángeles en movimiento indican que Dios está activo en el mundo, incluso cuando Jacob está fuera del "lugar de bendición".

Dios se presenta con las mismas palabras del pacto con Abraham:

> "Yo soy Jehová, el Dios de Abraham tu pa-

dre, y el Dios de Isaac; la tierra en que estás
acostado te la daré a ti y a tu descendencia…"
(v.13).

Esto es importante: Jacob no ha pedido nada, no ha hecho
aún voto alguno, pero Dios le habla y renueva unilateral-
mente su promesa, reafirmando que la bendición es por
gracia, no por mérito.

La respuesta de Jacob: temor, adoración y voto condicional

Al despertar, Jacob reacciona con temor reverente:

"¡Cuán terrible es este lugar! No es otra cosa que casa de Dios, y puerta del cielo" (v.1).

Llama al lugar Bet-el ("Casa de Dios"), unge la piedra
como señal conmemorativa y luego hace un voto condi-
cional:

"Si Dios fuere conmigo, y me guardare en
este viaje en que voy… y si volviera en paz a
casa de mi padre, Jehová será mi Dios… y de
todo lo que me dieres, el diezmo apartaré para
ti" (vv. 20-22).

Este es un pasaje clave y delicado. Jacob no está haciendo
una promesa incondicional, sino un voto basado en la esperanza y la necesidad:

- No es una prescripción para todos, ni una ordenanza
divina.

- No hay mandato de Dios de que Jacob diezmara.

- Su promesa está condicionada al cumplimiento de
la protección y provisión divina.

- La motivación de Jacob es agradecimiento, no obligación.

Este pasaje es frecuentemente mal interpretado por los promotores de la doctrina de la prosperidad como ejemplo de "dar para recibir". Sin embargo:

- Dios bendice primero. La gracia y la promesa preceden al compromiso humano.

- Jacob no busca enriquecerse, sino sobrevivir y regresar en paz.

- El diezmo que promete no se especifica a quién se da, ni cómo se entrega, y no hay registro en la Biblia de que se haya cumplido literal o materialmente.

Lejos de ser una fórmula transaccional, el pasaje revela un encuentro íntimo con Dios en medio de la crisis. El diezmo es aquí una respuesta voluntaria de devoción, no una ley.

Génesis 28 presenta un momento fundacional en la espiritualidad de Jacob. Lo relevante no es el diezmo en sí, sino el hecho de que Dios se revela a alguien roto, exiliado y en pecado, sin exigir nada a cambio.

El voto de Jacob es personal, condicionado y espontáneo, lo cual no puede utilizarse para justificar sistemas doctrinales coercitivos ni manipulativos.

Diferencia entre el voto de Jacob y el mandato levítico posterior

En el voto de Jacob (*cf.* Génesis 28:20–22) no hay ninguna instrucción divina previa. Jacob hace un voto por decisión personal, como respuesta emocional a una experiencia espiritual.

Sin embargo, en Levítimo 27:30-34 y Números 18:21-24 se está hablando del diezmo normativo. Dios ordena que el pueblo de Israel entregue la décima parte de sus productos y ganado para el sostenimiento de los levitas, ya que ellos no recibieron territorio. El voto de Jacob representa una devoción individual previa a la ley, que no se prescribe ni repite como modelo para otros patriarcas. El diezmo levítico, en cambio, forma parte de un sistema teocrático con implicaciones nacionales, civiles y religiosas, exclusivo del pacto mosaico con Israel.

Ambos están separados por siglos de desarrollo histórico y teológico, y deben entenderse en sus respectivos contextos. Confundir el acto devocional de Jacob con la legislación de Levítico lleva a errores doctrinales y a generalizaciones indebidas en la enseñanza sobre el diezmo hoy.

Capítulo 3:
El diezmo bajo la ley mosaica

Con la formación del pueblo de Israel como nación en el desierto del Sinaí, tras su liberación milagrosa de Egipto, se dio inicio a una nueva etapa en la relación entre Dios y su pueblo. Ya no se trataba únicamente de un vínculo individual, como el que existió con Abraham, Isaac o Jacob, sino de una relación colectiva, nacional, institucionalizada bajo un pacto formal. En ese contexto, la entrega de la Torá marcó un antes y un después: no solo estableció leyes morales y rituales, sino que también organizó la vida social, económica y espiritual de Israel como una teocracia única en la historia antigua.

Dentro de este nuevo marco legal, el diezmo dejó de ser una expresión individual, libre y esporádica de devoción, como en los tiempos patriarcales, para transformarse en una institución regular, obligatoria, sujeta a normativas precisas dictadas por Dios mismo a través de su siervo Moisés. El diezmo fue incorporado como parte del cuerpo de leyes que regían cada aspecto de la vida del pueblo escogido. No era solo una cuestión de finanzas: era un acto con profundas implicaciones espirituales, cívicas y culturales, cargado de simbolismo teológico y de significado práctico.

El sistema de diezmos revelado en la Ley tenía múltiples propósitos y respondía a las necesidades específicas de una sociedad tribal en camino hacia la estabilidad territorial. En este contexto, el diezmo asumía un rol triple: espiritual, social y económico, reflejando no solo la obediencia del pueblo a los mandamientos de Yahveh, sino también su responsabilidad mutua. Espiritualmente, el diezmo era una forma de reconocer que todo lo que el pueblo poseía provenía de Dios. Socialmente, era el medio para sostener a los levitas, quienes no recibieron heredad propia en la tierra prometida, y para garantizar el sustento de los más vulnerables: viudas, huérfanos y extranjeros. Económicamente, era parte de una estructura de redistribución que funcionaba como un sistema de justicia interna, con ciclos trienales que aseguraban un cierto equilibrio dentro de la nación.

Al comprender el diezmo dentro del sistema mosaico, es esencial considerar su carácter profundamente interrelacionado con la estructura misma del Israel antiguo. La economía de Israel no se basaba en una moneda estandarizada ni en transacciones comerciales como las de las sociedades modernas, sino en una economía de subsistencia predominantemente agrícola y ganadera. Por ello, el diezmo no consistía en dinero, sino en productos del campo, ganado y recursos naturales, es decir, el fruto tangible de la tierra que Dios había entregado a su pueblo. Esta dimensión concreta y comunitaria del diezmo lo diferenciaba radicalmente de muchas de las aplicaciones espirituales y monetizadas que se intentan justificar en contextos actuales, desligados por completo de su origen histórico y cultural.

Los levitas, al no tener posesión territorial, dependían totalmente de este sistema para su subsistencia. Su función no era meramente ceremonial, sino también educativa, judicial y administrativa en el entramado tribal. Así, el sostenimiento del culto no se desligaba de la justicia social: era parte del mismo cuerpo viviente de leyes que regulaban desde los sacrificios hasta el trato al extranjero. La estructura del diezmo, por tanto, reflejaba el ideal de equidad que debía imperar entre las doce tribus. La fidelidad a esta práctica era más que obediencia: era una expresión de solidaridad comunitaria, de memoria colectiva, y de reconocimiento de la soberanía divina sobre todos los aspectos de la vida.

Los textos bíblicos dejan entrever que existían diferentes tipos de diezmos: el diezmo regular que se entregaba a los levitas (Números 18:21-24), el segundo diezmo que se consumía festivamente en Jerusalén (Deuteronomio 14:22-27), y un tercer diezmo que cada tres años se destinaba a los necesitados (Deuteronomio 14:28-29). Esta complejidad muestra que el diezmo no era una fórmula única o simplista, sino un sistema dinámico que respondía a la realidad concreta de un pueblo en formación. Era un modelo orgánico que articulaba la relación entre tierra, tribu, culto y justicia, profundamente enraizado en el ciclo agrícola y en la vida común.

Entender este sistema es fundamental para no caer en reduccionismos teológicos. La teocracia israelita no tenía paralelo en el mundo contemporáneo, y su legislación no puede ser trasplantada sin más a estructuras religiosas actuales sin correr el riesgo de distorsionar su propósito original. El diezmo, en su contexto bíblico, era parte de un pacto específico entre Dios y una nación particular, en un tiempo y espacio determinados. Descontextualizarlo para convertirlo en una obligación legalista dentro de comunidades cristianas modernas, desvinculadas del marco del pacto mosaico, no solo es hermenéuticamente insostenible, sino espiritualmente riesgoso, pues puede llevar a imposiciones que contradicen la libertad y la gracia proclamadas en el Nuevo Testamento.

Por tanto, el estudio del diezmo mosaico debe hacerse con rigor histórico y respeto por su riqueza original, sin forzar analogías artificiales. Es necesario volver al texto, al contexto, y al espíritu que animaba estas prácticas, reconociendo que detrás del mandato había una visión profunda de vida comunitaria, justicia distributiva y reconocimiento de la provisión divina. Solo así se podrá tener una comprensión madura y responsable, capaz de dialogar con las necesidades actuales sin perder la fidelidad al testimonio bíblico.

Este capítulo abordará de manera detallada cómo se implementó este sistema, qué tipos de diezmos existían, cuáles eran sus funciones, a quiénes iban dirigidos, y cuál era la lógica detrás de su regulación. También nos detendremos a examinar el contexto agrícola y tribal en el que se originó, y cómo su correcta comprensión es esencial para evitar extrapolaciones erróneas en la actualidad, especialmente en lo que respecta a su aplicación en la iglesia contemporánea. El diezmo mosaico no fue una institución aislada, sino una pieza clave dentro del engranaje social, religioso y político de Israel, y solo puede entenderse correctamente si se estudia desde esa perspectiva integral.

Fundamento legal del diezmo

El sistema del diezmo en la Ley Mosaica está detalladamente expuesto en diversos libros del Pentateuco. Se trataba de una obligación, no una sugerencia, y tenía reglas específicas.

Textos clave:

> "Y el diezmo de la tierra, así de la simiente de la tierra como del fruto de los árboles, de Jehová es; es cosa dedicada a Jehová..." (Levítico 27:30–33).

> "Y he aquí, yo he dado a los hijos de Leví todos los diezmos en Israel por heredad, por su ministerio..." (Números 18:21–24)

> "Indefectiblemente diezmarás todo el producto del grano... y te alegrarás tú y tu casa... y no desampararás al levita que habita en tus poblaciones..." (Deuteronomio 14:22–29)

El diezmo levítico

El diezmo levítico, también llamado Primer Diezmo *(Ma'aser Rishon),* fue una institución central en la estructura social y espiritual de Israel bajo la Ley mosaica. Su propósito estaba claramente delineado por Dios en el contexto de la distribución de la tierra prometida y la asignación de funciones tribales.

La tribu de Leví fue apartada por Dios para desempeñar funciones sacerdotales, de enseñanza y servicio en el tabernáculo (y más tarde en el Templo). A diferencia de las otras tribus, no recibió un territorio como heredad permanente (Números 18:20-24). Por esta razón, su sustento debía provenir de la contribución del resto del pueblo.

El diezmo levítico era, entonces, una décima parte de toda la producción agrícola del pueblo de Israel —grano, vino, aceite, y a veces ganado— separada específicamente para los levitas. Este diezmo no era una donación voluntaria, sino una obligación legal dentro del pacto que Dios había establecido con su pueblo.

> "A los hijos de Leví he dado todos los diezmos en Israel por heredad, por su ministerio, por cuanto ellos sirven en el ministerio del tabernáculo de reunión" (Números 18:21).

Destinatarios: ¿quiénes eran los levitas?

Los levitas no eran todos sacerdotes. Dentro de la tribu de Leví, solo los descendientes de Aarón ejercían el sacerdocio propiamente dicho. El resto de los levitas servía como ayudantes del sacerdocio, encargados de tareas como el transporte del tabernáculo, la enseñanza de la ley, la música litúrgica y el mantenimiento del lugar sagrado.

Una vez que los levitas recibían el diezmo del pueblo, estaban a su vez obligados a entregar un "diezmo del diezmo" (Ma'aser Min HaMa'aser) a los sacerdotes (los cohanim, descendientes directos de Aarón):

> "De todos los diezmos que recibáis de los hijos de Israel, tomaréis una ofrenda para Yahveh; el diezmo de los diezmos daréis al sacerdote Aarón" (Números 18:26).

Este sistema tenía una lógica interna profundamente teocrática: Dios era considerado el dueño de la tierra, y los levitas, como siervos sagrados al servicio de ese Dios, recibían su sustento como parte de ese orden divinamente establecido. El diezmo, por tanto, no era un acto comercial ni un "intercambio" espiritual, sino una forma de mantener el funcionamiento del culto y asegurar la justicia social en una nación donde todos tenían un rol designado.

Este primer diezmo no puede ser extrapolado directamente al contexto actual sin distorsionar su propósito original. No existían "iglesias" ni "pastores" como los entendemos hoy. El sistema del diezmo levítico funcionaba dentro de un marco tribal, agrícola y teocrático, y estaba vinculado a un grupo específico —los levitas— que hoy ya no tiene una función reconocida ni reproducida en ninguna estructura eclesial moderna. Afirmar que el diezmo actual debe ser entregado a "los ministros" o "pastores" como sustitutos de los levitas es una analogía forzada que no resiste un análisis teológico ni histórico serio.

En conclusión, el Primer Diezmo (*Ma'aser Rishon*) fue un mecanismo de sostenimiento de un grupo sagrado dentro de un sistema que ya no existe. Su correcta comprensión ayuda a desenmascarar los abusos contemporáneos que manipulan pasajes bíblicos fuera de su contexto para justificar prácticas financieras que nada tienen que ver con la economía, espiritualidad y organización del Israel bíblico.

El diezmo festival o segundo diezmo (Ma'aser Shení)

El Segundo Diezmo, también conocido como el Diezmo Festival o Ma'aser Shení, es una parte crucial del sistema de diezmos establecido en la Torá, pero que a menudo es ignorada o confundida en enseñanzas modernas. Este diezmo no tenía un propósito sacerdotal ni asistencial directo como el primero o el tercero, sino que estaba íntimamente ligado a la celebración, el gozo y la comunión con Dios, en un contexto profundamente espiritual y comunitario.

La base de este segundo diezmo se encuentra principalmente en Deuteronomio 14:22–27, donde se ordena a los israelitas que aparten un diezmo adicional de sus productos agrícolas y lo lleven a Jerusalén (o al "lugar que Yahveh escoja") para disfrutarlo allí en la presencia de Dios:

> "Comerás delante de Yahveh tu Dios, en el
> lugar que Él escoja para poner allí su nombre,
> el diezmo de tu grano, de tu vino, de tu aceite,
> y las primicias de tus vacas y de tus ovejas, pa-
> ra que aprendas a temer a Yahveh tu Dios to-
> dos los días" (Deuteronomio 14:23).

El propósito del Segundo Diezmo era celebrar. No se trataba de una contribución entregada a otros, sino de un recurso reservado para que la familia del diezmador lo disfrutara directamente en el marco de las grandes festividades anuales: *Pesaj* (Pascua), *Shavuot* (Pentecostés) y *Sucot* (Fiesta de los Tabernáculos).

La idea era que los israelitas experimentaran alegría delante de Dios, reconociendo su provisión y fidelidad. Al consumir ese diezmo en Jerusalén —o intercambiarlo por dinero si el camino era muy largo, y luego comprar allí lo que quisieran comer (incluso vino o licor, según Deut. 14:26)—, el pueblo recordaba que la bendición provenía de Yahveh y se cultivaba el temor reverente a Él. Era, además, una forma de redistribuir la riqueza a través de la celebración comunitaria.

Este tipo de diezmo no se entregaba a los levitas ni a los pobres, aunque podían ser invitados a participar en la celebración. Era disfrutado directamente por el diezmador y su familia como parte de un encuentro espiritual y festivo con Dios.

El Segundo Diezmo rompe completamente con la noción moderna de que todo diezmo debe ir obligatoriamente a una institución religiosa. En este caso, el diezmo ni siquiera salía de las manos del diezmador, y su uso no era para sostener un templo o una estructura clerical, sino para fortalecer el vínculo entre la familia, la comunidad y Dios en el marco de las celebraciones litúrgicas.

Este diezmo subraya que la vida espiritual no es solo deber, sino también gozo, celebración y gratitud. De alguna forma, nos recuerda que parte de lo que se consagra a Dios puede y debe ser disfrutado en su presencia, en comunidad y en alegría. Vemos que el sistema del diezmo en la Torá era variado, complejo y estaba profundamente contextualizado a una nación teocrática con un calendario agrícola-religioso específico.

Usar el término "diezmo" en el contexto actual de la iglesia sin hacer distinción entre el primer y segundo diezmo conduce a confusión, distorsión doctrinal y prácticas injustas. Aplicar el concepto del diezmo del Segundo Diezmo a la ofrenda dominical moderna despoja al texto bíblico de su sentido original y produce una espiritualidad basada en la obligación y no en el gozo.

En resumen, el diezmo festival (*Ma'aser Shení*) no se entregaba a los líderes religiosos ni al templo, sino que era utilizado por las propias familias para comer, beber, celebrar y recordar a Dios con alegría. Entender esto desmantela muchos de los argumentos que hoy se usan para imponer cargas financieras sobre los creyentes en nombre de una supuesta "obediencia al diezmo".

El diezmo trienal o de los pobres (Ma'aser Aní)

El diezmo trienal, también conocido como "el diezmo de los pobres" o en hebreo *Ma'aser Aní*, era una forma de redistribución social profundamente humana y justa, establecida en la Torá para sostener a los más vulnerables del pueblo de Israel. Este sistema revela el rostro compasivo y equitativo del legislador divino, quien no solo se interesaba por lo espiritual y ritual, sino también por la justicia social concreta.

La principal referencia se encuentra en Deuteronomio 14:28-29:

> "Al fin de cada tres años sacarás todo el diezmo de tus productos de aquel año, y lo guardarás en tus ciudades; y vendrá el levita (que no tiene parte ni heredad contigo), y el extranjero, el huérfano y la viuda que hubieren en tus poblaciones, y comerán y se saciarán, para que Jehová tu Dios te bendiga en toda obra que tus manos hicieren".

También se menciona en Deuteronomio 26:12-13, donde el diezmador debía hacer una confesión ritual reconociendo que había cumplido con su deber hacia los necesitados.

Frecuencia y funcionamiento

- Cada tres años (en el tercer y sexto año del ciclo sabático de siete años).
- En lugar de llevar el diezmo a Jerusalén como en el Segundo Diezmo, este se distribuía localmente en las ciudades.
- Se trataba de un acto de generosidad estructurada, no voluntaria, sino ordenada como parte del pacto.

Propósito del Diezmo Trienal

- Sostener al levita, que no poseía tierras ni herencia.
- Atender al extranjero (inmigrante), al huérfano y a la viuda, los tres grupos más desprotegidos de la sociedad.
- Combatir la desigualdad y prevenir la marginación económica.
- Garantizar dignidad y sustento a través de un sistema

que no dependía de limosnas improvisadas, sino de una ley estructurada de ayuda mutua.

- El Diezmo Trienal no era una expresión de generosidad opcional, sino una obligación sagrada, que revelaba el carácter social del pacto de Dios con Israel.

- Era un acto de justicia, no de caridad.

- El hecho de que este diezmo se quedara en la ciudad y se repartiera entre los necesitados implicaba una dimensión comunitaria clara, en la que cada ciudad debía cuidar de los suyos.

- La distribución local aseguraba que el necesitado no fuera olvidado por estar lejos de Jerusalén.

Diferencias con otros diezmos

- No era para uso personal festivo (como el segundo diezmo).

- No se entregaba exclusivamente a los levitas (como el primero), sino se compartía entre todos los marginados sociales.

- Se ofrecía solo dos veces en cada ciclo de siete años, marcando un ritmo social planificado de redistribución económica.

La comprensión del diezmo trienal desmonta el mito del diezmo único y obligatorio para templos o líderes religiosos en tiempos actuales. La Biblia presenta varios diezmos, con distintos propósitos y destinatarios, adaptados a una sociedad agrícola, tribal y teocrática.

El diezmo sacerdotal (diezmo del diezmo, Ma'aser ma'aser)

El diezmo sacerdotal, también conocido como el *Ma'aser min haMa'aser* (◁_X_X⇌˙L ◁.⌐N_◁_·X_X⇌˙L), literalmente "el diezmo del diezmo", es una pieza clave del complejo sistema de diezmos del Israel bíblico. Este acto específico —la entrega de una porción del diezmo recibido por los levitas a los sacerdotes (kohanim)— revela no solo una jerarquía sagrada dentro de la tribu de Leví, sino también una profunda lógica de consagración progresiva.

Fundamento bíblico
La base textual se encuentra en Números 18:25–28:

> "Y habló Jehová a Moisés, diciendo: Así hablarás a los levitas, y les dirás: Cuando toméis de los hijos de Israel el diezmo que os he dado de ellos por vuestra heredad, vosotros presentaréis de él una ofrenda a Jehová: el diezmo del diezmo. [...] Así ofreceréis vosotros también ofrenda a Jehová de todos vuestros diezmos que recibís de los hijos de Israel, y daréis de ellos la ofrenda de Jehová al sacerdote Aarón".

Propósito

- *Consagración progresiva.* Así como los israelitas ofrecían a Dios una décima parte de sus productos, los levitas —quienes ya habían sido apartados para el servicio del santuario— debían también apartar lo mejor del diezmo recibido.

- *Sustento sacerdotal.* Este diezmo del diezmo iba específicamente a los sacerdotes, descendientes de Aarón, quienes tenían la tarea exclusiva de oficiar en el santuario y mediar entre el pueblo y Dios.

-*Purificación de los recursos.* El texto bíblico insiste en que esta porción debía ser lo mejor, "como grano de la era y producto del lagar", es decir, una parte santa, representativa y simbólica de todo el diezmo.

Relación con otros diezmos
- El diezmo sacerdotal no era recogido directamente del pueblo, sino que se derivaba del primer diezmo (*Ma'aser*

Rishon).

- Su existencia implica que incluso los ministros del tem- plo estaban obligados a dar: no había nadie exento del principio de consagrar lo recibido.

- En el esquema general, reflejaba una cadena de responsabilidad espiritual y económica: el pueblo sostiene a los levitas, y los levitas, a su vez, sostienen a los sacerdotes.

- Este acto enseñaba que todo lo recibido, incluso lo sagrado, debía ser santificado nuevamente.

- Era una forma de mantener el equilibrio y evitar la acumu- lación desmedida de poder y recursos dentro del sistema religioso.

- Subrayaba el principio de que nadie está por encima de la rendición de cuentas ante Dios, ni siquiera los líderes religiosos.

Importancia para la comprensión actual

Muchos malentendidos modernos sobre el diezmo surgen por desconocimiento de este sistema jerárquico y diversificado. El *Ma'aser min haMa'aser* deja claro que:

- No todo diezmo era igual, ni se destinaba al mismo lugar o propósito.

- Los líderes religiosos no estaban por encima del sistema de entrega, sino dentro de él.

- No se usaba como excusa para enriquecer a individuos, sino como una estructura interna de provisión entre quienes servían a Dios en diferentes niveles.

Año sabático y variaciones en el sistema del diezmo

Durante el año sabático, que ocurría cada siete años, la tierra debía descansar: no se cultivaban campos, no se cosechaban viñas, ni se recogía el fruto de manera organizada. Este mandato, que puede parecer radical desde una perspectiva económica moderna, tenía un profundo sentido teológico y social. Era una manera concreta de reconocer la soberanía de Dios sobre la tierra, de recordarle al pueblo que no eran dueños absolutos, sino administradores de lo que Él les había entregado. También servía como un mecanismo de redistribución natural, ya que lo que creciera espontáneamente durante ese año quedaba libre para que cualquiera —incluidos los pobres, los extranjeros y los animales del campo— pudiera tomarlo.

Este cese de actividad agrícola impactaba directamente el sistema de diezmos. Dado que los diezmos estaban vinculados a la producción del campo y del ganado, el año sabático implicaba una interrupción en su entrega regular. Sin cosechas planificadas ni producción controlada, no había "primicias" que separar ni décimas partes para entregar. Sin embargo, la provisión para los levitas y para los necesitados no desaparecía, ya que la ley preveía mecanismos alternativos para su sustento, incluyendo la distribución equitativa de lo que la tierra producía de forma natural.

Además, dentro de este ciclo sabático existía una dimensión ética particularmente relevante: se cancelaban las deudas, se liberaban esclavos hebreos y se restauraban derechos fundamentales. Así, el año sabático no solo tenía implicaciones agrícolas o religiosas, sino que promovía una especie de "reset" social que permitía evitar la acumulación excesiva de poder o riqueza en unas pocas manos, y ayudaba a preservar la cohesión interna del pueblo. En este contexto, la función del diezmo como elemento de justicia y solidaridad cobraba aún mayor sentido, no desde la obligación formal, sino desde el principio del cuidado mutuo y la confianza en la provisión divina.

También hay que destacar el ciclo mayor del Jubileo, que ocurría cada cincuenta años, y que profundizaba estos principios de restitución y equilibrio económico. Tanto el año sabático como el año del Jubileo revelan que el sistema de diezmos no puede entenderse como una norma rígida o estática, sino como parte de un entramado más amplio que regulaba la vida en comunidad bajo parámetros de gracia, descanso, y restauración.

Estas variaciones demuestran que la aplicación del diezmo en Israel no era uniforme, sino dinámica, adaptada a los ritmos establecidos por Dios para el bienestar integral del pueblo. Lejos de ser una carga mecánica, el diezmo estaba integrado en un sistema que equilibraba trabajo y reposo, justicia y misericordia. Su esencia no estaba en la cuantía ni en la puntualidad de su entrega, sino en el espíritu que lo sustentaba: la fe en que Dios provee, el reconocimiento de que todo lo recibido viene de Él, y la responsabilidad mutua entre hermanos.

Por tanto, cualquier intento de replicar el diezmo en contextos actuales debe partir de esta comprensión holística. Separarlo de sus fundamentos sabáticos, sociales y espirituales, para convertirlo en un simple impuesto religioso, es despojarlo de su riqueza bíblica y transformarlo en una herramienta ajena a su intención original. El año sabático nos recuerda, en última instancia, que el pueblo de Dios no vive por la lógica de la acumulación, sino por la lógica del descanso, la libertad y la dependencia confiada del Creador.

> "Seis años sembrarás tu tierra, y recogerás su fruto; pero el séptimo año la dejarás libre, y no sembrarás, para que coman los pobres de tu pueblo; y lo que dejare el resto, lo comerán las bestias del campo. Así harás con tu viña y con tu olivar" (Éxodo 23:10-11).

> "Y habló Jehová a Moisés en el monte de Sinaí, diciendo: Habla a los hijos de Israel, y diles: Cuando hubiereis entrado en la tierra que yo os doy, la tierra guardará un sábado para Jehová. Seis años sembrarás tu campo, y seis años podarás tu viña, y recogerás sus frutos; pero el séptimo año será sábado de reposo para la tierra, sábado para Jehová; no sembrarás tu

campo, ni podarás tu viña. Lo que de suyo naciera en tu campo, no segarás, ni la vendimia de tu viña recogerás; será para los pobres y para los extranjeros; lo dejarás para que coman. Y el año del jubileo será para vosotros como reposo, y comeréis lo que produzca de suyo en el campo. En el año del jubileo, cada uno de vosotros se volverá a su posesión, y cada cual a su familia" (Levítico 25:1-7).

¿Qué pasaba con los diezmos en el año sabático?

El diezmo, al estar estrechamente ligado a la producción agrícola y ganadera, se suspendía en su forma regular durante ese año. Es decir, no se recogía un 10% de las cosechas ni se entregaban los frutos del campo al templo o a los levitas, porque no había una cosecha organizada de la cual separar un diezmo.

Sin embargo, esto no significaba que los levitas, los pobres, las viudas o los extranjeros quedaran desamparados. La Ley disponía que lo que la tierra produjera espontáneamente en ese año —sin siembra ni intervención humana— podía ser recogido por todos, sin distinción. Era un año de igualdad, descanso y redistribución natural, en el que tanto el dueño del campo como el forastero o el necesitado tenían acceso libre a los frutos de la tierra.

Este principio muestra que el diezmo no era una imposición rígida ni absoluta, sino parte de un sistema más amplio que equilibraba justicia, misericordia y dependencia de Dios. En el Año Sabático, el pueblo aprendía a confiar en la provisión divina, renunciando al control humano de la producción y abriendo las manos al prójimo.

El tercer diezmo

El tercer diezmo no se daba cada año, sino "al fin de cada tres años", lo cual sugiere que se ofrecía en el tercer y sexto año de cada ciclo de siete años, es decir, dos veces en cada ciclo sabático. El séptimo año —el Año Sabático— era, por orden divina, un año de descanso para la tierra, en el cual no se sembraba ni se cosechaba formalmente (Levítico 25:4). Esto implicaba, de manera lógica y práctica, la suspensión de todos los diezmos ligados a la producción agrícola, incluyendo este tercer diezmo.

El tercer diezmo no se aplicaba en el año sabático precisamente por la naturaleza del descanso de la tierra: no había producción organizada de la cual separar una décima parte. Además, la estructura del año sabático ya estaba pensada para atender a los necesitados: lo que la tierra producía espontáneamente era de libre acceso para todos, sin distinción ni restricción (Éxodo 23:11). En ese sentido, el propósito del tercer diezmo —sostener a los marginados— se cumplía de otra manera durante ese año especial: a través de un sistema de redistribución natural, equitativa y libre, sin mediación religiosa ni tributaria.

Este punto es crucial para comprender la profunda flexibilidad y propósito contextual del sistema de diezmos en Israel. Los diezmos no eran simples cuotas obligatorias, sino instrumentos adaptados a un marco agrícola, tribal y teocrático, con finalidades espirituales, sociales y económicas muy claras. En el año sabático, no se exigían los diezmos tradicionales, porque el enfoque estaba en el descanso, la confianza en Dios, la igualdad y el acceso comunitario a la tierra.

El tercer diezmo, como el primero y el segundo, no se aplicaba en el séptimo año, lo cual subraya que el sistema de diezmos en Israel no era un mecanismo de recaudación perpetua, sino una expresión dinámica de obediencia, generosidad y justicia social, profundamente enraizada en el ritmo de la tierra y la voluntad de Dios.

Redistribución natural

- Lo que creciera espontáneamente quedaba libre para levitas, pobres, extranjeros y animales del campo (Éxodo 23:11).
- Esto representaba un tipo de economía de misericordia donde todos tenían acceso igualitario a los recursos.

Significado teológico del año sabático

- Era un acto de fe profunda en Dios como proveedor.
- Reforzaba la igualdad social al recordar que la tierra pertenecía al Señor (Lev. 25:23).
- El pueblo debía aprender que la dependencia no era del fruto del trabajo, sino del pacto con Dios.
- El sistema del diezmo no era una norma fija del 10% anual sin excepciones. Variaba según el año, el propósito, y las circunstancias.
- El año sabático demuestra que incluso la ley tenía flexibilidad, y que el corazón de la ley era la confianza, la justicia y la compasión.
- Intentar imponer un sistema fijo de diezmos en la iglesia moderna ignora estos ciclos divinamente diseñados que respondían a una teocracia agrícola y no a una iglesia neo - testamentaria globalizada.

Cálculo del porcentaje rotal de siezmos en el Antiguo Testamento

Primer Diezmo (Levítico)

- 10% anual
- Dado a los levitas como heredad.

(Números 18:21-24)

Segundo Diezmo (Festival o de Regocijo)

- 10% anual adicional
- Consumido por la misma familia oferente en Jerusalén durante las fiestas.

(Deuteronomio 14:22–27)

Tercer diezmo (Trienal para los pobres)

- 10% cada 3 años, lo que equivale a 3.33% anual en promedio.
- Dado a los huérfanos, viudas, extranjeros y levitas en la ciudad.

(Deuteronomio 14:28–29; 2C:12)

Total aproximado anual de diezmos:

- 10% (levítico).
- +10% (festivo) ausente en las iglesias
- +3.33% (trienal para pobres) ausente en las iglesias
- Total: 23.3% anual, no el 10% como se pregona en las iglesias.

El pueblo de Israel no daba simplemente un 10%. Daba casi una cuarta parte de su producción cada año. Esto se sumaba a otras ofrendas, primicias, impuestos, sacrificios y obligaciones del templo. El sistema de diezmos era parte de una estructura nacional, legal y religiosa; por tanto, usar el argumento de "el diezmo es el 10%" como regla para la Iglesia es una manipulación incompleta del texto bíblico.

¿Quiénes diezmaban y quiénes recibían?

Bajo la Ley, el diezmo no era para todos los ciudadanos por igual. Cada tribu tenía un rol. En particular, la tribu de

Leví no recibió heredad territorial y fue destinada al servicio del Tabernáculo. Por ello, los demás israelitas estaban obligados a sostenerlos con los diezmos.

- Los levitas recibían el primer diezmo (Núm. 18:21).

- Los levitas, a su vez, diezmaban a los sacerdotes (Núm. 18:26–28).

- Había un diezmo para celebraciones religiosas (Deut. 14).

- Cada tres años se almacenaba un diezmo para los pobres, huérfanos y viudas (Deut. 14:28–29).

Funciones del diezmo

Socialmente, el sistema del diezmo funcionaba como un mecanismo de solidaridad dentro del pueblo de Israel. No se trataba simplemente de una contribución religiosa, sino de una herramienta concreta para el sustento de aquellos que no tenían herencia territorial —como los levitas— y de los sectores más vulnerables: huérfanos, viudas y extranjeros. Este sistema aseguraba que el bienestar colectivo no dependiera únicamente de la caridad espontánea, sino de un deber estructurado, cíclico y equitativo, con una lógica de responsabilidad comunitaria.

Económicamente, el diezmo representaba una forma anticipada de redistribución de la riqueza, pensada para preservar el equilibrio dentro de una sociedad agrícola en formación. Los diferentes tipos de diezmos —el levítico, el de celebración, y el de los pobres— estaban profundamente integrados en el calendario agrícola y religioso, reflejando una economía al servicio de la justicia y del culto. Además, la periodicidad del sistema (anual, trienal, con ajustes en el año sabático) mostraba una flexibilidad práctica, adaptada a la realidad de los ciclos de producción, evitando sobrecargar al pueblo en tiempos de descanso agrícola.

Desde una perspectiva teológica, el diezmo también cumplía un propósito pedagógico. Enseñaba a confiar en que la provisión venía de Yahveh y no del esfuerzo humano solamente. Cada entrega era una confesión de fe, un recordatorio de la alianza entre Dios y su pueblo, y una forma de cultivar humildad y generosidad. Así, el acto de diezmar iba mucho más allá del aspecto material: era un ejercicio espiritual, una declaración de pertenencia y una práctica comunitaria con sentido profundo.

Esta visión integral del diezmo dista radicalmente de muchas de las aplicaciones modernas que lo reducen a un simple mandato financiero individual. En Israel, el diezmo era parte de un pacto, de una identidad nacional, de una espiritualidad concreta enmarcada en una estructura colectiva. Cualquier intento de extrapolarlo a contextos actuales sin esa comprensión histórica, teológica y cultural, corre el riesgo de distorsionar su verdadero sentido. Esta visión integral del diezmo dista radicalmente de muchas de las aplicaciones modernas que lo reducen a un simple mandato financiero individual. En Israel, el diezmo era parte de un pacto, de una identidad nacional, de una espiritualidad concreta enmarcada en una estructura colectiva. Cualquier intento de extrapolarlo a contextos actuales sin esa comprensión histórica, teológica y cultural, corre el riesgo de distorsionar su verdadero sentido.

¿Era obligatorio o voluntario?

A diferencia del diezmo que ofrecieron figuras patriarcales como Abram o el voto de Jacob, que fueron actos espontáneos y voluntarios de gratitud o pacto personal, el diezmo bajo la Ley mosaica tenía un carácter obligatorio e institucionalizado. Ya no era una expresión libre de devoción individual, sino una disposición legal inscrita en el pacto nacional entre Dios e Israel. Por ello, su incumplimiento no era simplemente un descuido espiritual, sino una violación directa del acuerdo sagrado que regulaba toda la vida social, religiosa y económica del pueblo. Esta obligatoriedad queda claramente subrayada en Malaquías 3:8-10, donde Dios reprocha a Israel por "robarle" al retener los diezmos y las ofrendas, expresando con contundencia que el diezmo es un mandato divino ineludible. El lenguaje usado implica que el acto de no dar el diezmo es un acto de desobediencia y robo contra Dios mismo, reforzando la idea de que el diezmo no era una mera recomendación sino una obligación sagrada bajo la Ley.

Este pasaje no solo confirma la naturaleza jurídica y moral del diezmo en el contexto mosaico, sino que también enfatiza su función como medio para sostener el culto, a los sacerdotes y levitas, y para mantener el orden social y religioso establecido por Dios. Por lo tanto, el diezmo en Israel funcionaba como un vínculo tangible entre el pueblo y su Dios, una expresión concreta de fidelidad que conllevaba consecuencias espirituales y sociales cuando se desobedecía.

Apoyo rabínico

El Talmud y la Mishná ofrecen un análisis detallado y minucioso sobre la práctica del diezmo, reflejando la importancia y complejidad de esta institución en la vida judía. Por ejemplo, en la Mishná, en el tratado Ma'asrot 1:1, se establecen reglas claras sobre quién está obligado a diezmar, qué productos deben ser diezmados y en qué momentos del año debe realizarse esta entrega. Esta regulación precisa respondía a la necesidad de mantener la pureza y el orden en la observancia de la Ley, evitando cualquier desviación que pudiera invalidar el acto o infringir la voluntad divina.

El Talmud de Babilonia, en Taanit 9a, enfatiza la dimensión espiritual y práctica del diezmo con la expresión "Diezma para que seas enriquecido", subrayando el principio bíblico de recompensa por la generosidad y fidelidad en la obediencia. Esta idea encierra una enseñanza profunda: el acto de dar no solo beneficia a los receptores, sino que también abre la puerta a la bendición divina sobre quien cumple con este mandamiento. La tradición rabínica elaboró este sistema con tanta rigurosidad que se establecieron escuelas y cuerpos académicos dedicados exclusivamente a la interpretación, enseñanza y aplicación del diezmo, reflejando su centralidad en la vida comunitaria y religiosa.

Este marco legal del diezmo, aunque era un instrumento pedagógico que fomentaba la generosidad, la dependencia de Dios y la solidaridad social, estaba intrínsecamente ligado a un contexto muy específico: la nación de Israel bajo la Ley Mosaica, la existencia del Templo como centro del culto y la figura del sacerdocio levítico que dependía de estos recursos para su sustento. Estas condiciones particulares hacen que la validez y aplicación del diezmo no puedan ser simplemente trasladadas a la iglesia cristiana del Nuevo Testamento sin un análisis cuidadoso y contextualizado.

Este punto de controversia, que ha generado numerosas interpretaciones y debates en el ámbito teológico y eclesiástico, será examinado en profundidad en capítulos posteriores, donde se explorará cómo la enseñanza sobre las ofrendas y la generosidad se transforma en el marco del Nuevo Pacto y qué implicaciones tiene para la práctica actual.

Así, se reconoce que el diezmo bajo la Ley fue más que una simple obligación económica: fue una institución que moldeó la identidad, la ética y la cohesión social del pueblo de Israel, con características y fines que no pueden ser reducidos a una simple regla monetaria en otro tiempo y espacio.

CAPÍTULO 4:
EL DIEZMO EN LOS LIBROS HISTÓRICOS Y PROFÉTICOS

Durante la época de los reyes de Israel y Judá, la práctica del diezmo mantuvo su relevancia central en la vida religiosa y social, pero no permaneció estática. A lo largo de este período, el diezmo experimentó variaciones y ajustes, estrechamente ligados a las reformas religiosas impulsadas por diferentes monarcas, quienes buscaron fortalecer o corregir la observancia del pacto con Yahveh.

Los relatos en los libros de Reyes y Crónicas reflejan cómo el diezmo se empleaba primordialmente para el sostenimiento del templo, asegurando que los servicios religiosos pudieran llevarse a cabo con regularidad y dignidad. Asimismo, constituía el medio fundamental para el sustento económico de los levitas, quienes no poseían tierras propias y cuya función sacerdotal y educativa dependía de estas provisiones.

Además, el diezmo servía para apoyar a otros sectores vulnerables de la sociedad, como los viudos, huérfanos y extranjeros, conforme a las disposiciones establecidas en la Ley. La administración y recaudación de estos recursos se volvieron, por tanto, un elemento clave en la organización estatal y religiosa, reflejando la interconexión entre el poder político y la autoridad religiosa en el reino de Israel y Judá.

Sin embargo, no todos los reyes promovieron la observancia estricta del diezmo; en varios momentos históricos, la negligencia y corrupción llevaron al descuido de esta práctica, lo que fue objeto de reproche por parte de los profetas. De esta manera, el diezmo no solo funcionó como una obligación económica o ritual, sino también como un indicador del compromiso espiritual y político del reino con la alianza establecida con Dios.

Durante la época de los reyes, Israel funcionaba como una teocracia en la que el poder no recaía únicamente en la figura del monarca, sino que los sacerdotes y levitas tenían un papel esencial en la administración de la ley, la justicia y la gestión de los recursos. Esta estructura política-religiosa aseguraba que la dimensión espiritual estuviera intrínsecamente ligada al gobierno civil.

El sistema de diezmos seguía siendo un pilar fundamental dentro de esta organización, sirviendo no solo para sostener el templo y al clero, sino también para garantizar la justicia social a través del apoyo a los sectores vulnerables, como viudas y extranjeros. Sin embargo, la aplicación y el respeto por estas prácticas fluctuaban dependiendo de la voluntad del rey y las reformas religiosas que impulsara. Algunos monarcas promovían una restauración ferviente del pacto y sus normas, reforzando la correcta entrega y distribución del diezmo, mientras que otros permitían su abandono o corrupción, debilitando la cohesión espiritual y social del pueblo.

Así, el diezmo en el periodo monárquico era más que una simple obligación tributaria; era un reflejo visible del compromiso del reino con Yahveh y un mecanismo clave para la estabilidad religiosa, política y económica de Israel.

Durante la época de los reyes de Israel y Judá, el diezmo se mantuvo como una práctica central en la vida religiosa y social del pueblo, pero su importancia y función adquirieron matices más definidos y estructurados en relación con el templo y el sacerdocio. En un contexto donde la nación era una teocracia, el templo no solo representaba un espacio de culto, sino que también era el corazón institucional y espiritual del país. El mantenimiento y la operatividad del templo exigían recursos constantes y suficientes para sostener no solo las ceremonias, sino también al cuerpo sacerdotal y a los levitas, quienes dependían completamente del diezmo para su sustento, dado que no poseían tierras propias ni medios económicos propios.

Los monarcas que comprendieron la trascendencia de preservar la pureza religiosa y fortalecer la identidad nacional promovieron reformas religiosas orientadas a restablecer o potenciar la correcta administración del diezmo. Durante esos reinados, el diezmo fue elevado a la categoría de pilar económico indispensable para el templo. La recaudación y distribución de estos recursos debían garantizar la continuidad del culto, la preparación y celebración de las festividades sagradas, y la atención a los grupos vulnerables dentro de la comunidad religiosa, como viudas, huérfanos y extranjeros, quienes también se beneficiaban indirectamente de este sistema.

Por el contrario, en periodos de decadencia religiosa o cuando los monarcas desviaban su atención hacia intereses personales o políticos, la práctica del diezmo se desvirtuaba o se abandonaba, afectando directamente la vida espiritual y social de Israel. El templo podía sufrir falta de mantenimiento, y los sacerdotes y levitas quedarían sin sustento, debilitando la estructura teocrática que mantenía la unidad del pueblo bajo el pacto con Yahveh.

En definitiva, en tiempos de los reyes, el diezmo no solo tenía un propósito económico, sino que se convirtió en un símbolo tangible del compromiso colectivo con Dios y una herramienta clave para mantener la cohesión religiosa, social y política de Israel. Fue el mecanismo que permitió que la Casa de Dios siguiera siendo el centro espiritual y el punto de encuentro de la nación, incluso en medio de las fluctuaciones políticas y los desafíos internos.

Ejemplos Bíblicos de la Práctica del Diezmo
Reinado de Ezequías (2 Crónicas 31:5-6)

Durante el reinado de Ezequías, uno de los monarcas más destacados por sus reformas religiosas, se llevó a cabo un esfuerzo decidido para restaurar la práctica correcta y fiel del diezmo, que había sido descuidada o abandonada en tiempos anteriores debido a la corrupción y la idolatría que habían afectado a Israel y Judá. Ezequías comprendió que el fortalecimiento espiritual de la nación pasaba, entre otras cosas, por garantizar que el sustento de los levitas y sacerdotes estuviera asegurado, pues ellos eran los responsables directos del culto y del mantenimiento del templo, elementos fundamentales para la identidad y la relación del pueblo con Yahveh.

Con esta visión, el rey emitió un mandato claro para que se recogieran los diezmos con fidelidad y abundancia, de modo que los servidores del templo pudieran dedicarse exclusivamente a sus funciones sagradas, sin tener que dispersar sus esfuerzos en labores seculares para sobrevivir. Este restablecimiento del orden y la disciplina religiosa no solo buscaba la restauración del culto puro, sino también reforzaba la justicia social y el compromiso comunitario, al asegurar que quienes dedicaban su vida al servicio divino contaran con el apoyo material necesario.

2 Crónicas 31:5-6 refleja vívidamente la respuesta del pueblo a esta convocatoria real:

> "Cuando llegó el mandamiento del rey, los hijos de Israel trajeron en abundancia los primeros frutos del grano, del vino, del aceite, de la miel y de todos los productos del campo; y el diezmo de todo lo trajeron en abundancia".

Este pasaje destaca la generosidad y la obediencia del pueblo ante la restauración del sistema de diezmos, evidenciando un retorno a la fidelidad a la ley mosaica y al pacto con Dios.

Gracias a esta renovada práctica del diezmo, los levitas y sacerdotes pudieron desempeñar plenamente su ministerio en el templo, preservando la pureza del culto y la vida espiritual del pueblo. La reforma de Ezequías demuestra cómo la administración adecuada del diezmo fue crucial para mantener la estructura religiosa, social y económica de Israel durante esta etapa de su historia, mostrando que el diezmo no solo era un acto de devoción personal, sino un elemento vital para la cohesión y el bienestar colectivo bajo la teocracia israelita.

Reinado de Josías

Durante el reinado del rey Josías, otro de los grandes reformadores del pueblo de Israel, se vivió un renovado despertar espiritual que implicó una restauración profunda de la observancia de la Ley de Dios, incluida la práctica del diezmo. Josías heredó un reino marcado por la apostasía y la corrupción religiosa, pero su corazón estaba decidido a devolver al pueblo a la fidelidad a Yahveh y a purificar el culto nacional.

Uno de los acontecimientos cruciales en su gobierno fue el hallazgo del Libro de la Ley en el templo, una redescubierta de las instrucciones divinas que había sido olvidada o ignorada por muchas generaciones. Este descubrimiento tuvo un impacto profundo y inmediato, pues al leer y comprender el contenido del libro, Josías comprendió la magnitud del abandono espiritual y legal que había sufrido Israel, y se comprometió a corregir esta situación con medidas concretas y decisivas.

Entre las reformas impulsadas por Josías, la restauración de la práctica del diezmo y las ofrendas tuvo un lugar destacado, reconociendo que estos recursos eran esenciales para el sostenimiento del templo, para el servicio de los sacerdotes y levitas, y para el bienestar del pueblo en su relación con Dios. El rey promovió no solo el cumplimiento formal de la ley, sino también un retorno a la sinceridad y la dedicación en el culto, buscando restaurar la gloria y la santidad que debían caracterizar al pueblo escogido.

2 Crónicas 34:8-9 refleja este proceso de renovación y compromiso:

> "Vinieron a ver al rey y le dijeron: 'Tus
> siervos han recogido el dinero que se halló en
> la Casa de Jehová y lo hemos dado a los en-
> cargados de la obra, que la supervisan'".

Este versículo pone en evidencia la responsabilidad que Josías tomó para asegurar que los fondos del templo — producto de las ofrendas y diezmos— fueran manejados con transparencia y dedicación, destinándolos al mantenimiento de la casa de Dios y a las obras que allí se realizaban.

La reforma de Josías, al igual que la de Ezequías, subraya la importancia de la administración fiel del diezmo en la vida religiosa y social de Israel. Más allá de ser un simple acto económico, el diezmo funcionaba como un símbolo tangible de la alianza entre Dios y su pueblo, un recordatorio constante de que todo provenía de Él y que la comunidad debía vivir en obediencia, justicia y solidaridad. Estas restauraciones son ejemplos claros de cómo el diezmo, bajo el marco legal y teocrático de Israel, fue una práctica fundamental para sostener no solo la infraestructura religiosa, sino también la cohesión espiritual y social de la nación.

La función del diezmo durante los Reinos del Norte y del Sur

Durante el periodo en que la nación de Israel se dividió en dos reinos —el Reino del Norte (Israel) y el Reino del Sur (Judá)— la práctica del diezmo reflejó las diferencias políticas, religiosas y sociales que caracterizaron a cada uno de estos reinos.

En el Reino del Norte, con capital en Samaria, la fidelidad a la Ley y al culto auténtico a Yahveh fue intermitente y, en muchos casos, se desvió hacia prácticas idólatras y sincretistas. Los monarcas de Israel a menudo permitieron o promovieron la adoración de dioses extranjeros, lo que afectó negativamente la observancia del pacto y, por ende, la práctica del diezmo. En consecuencia, el diezmo perdió progresivamente su carácter sagrado y su función original, siendo en ocasiones descuidado o mal utilizado. El sistema sacerdotal y levítico sufrió un debilitamiento, y el sostén para el templo y los servidores de Dios se vio comprometido.

Por otro lado, el Reino del Sur, con Jerusalén como capital, mantuvo una relación más estrecha con la tradición religiosa de Israel y con la Ley mosaica, aunque también enfrentó períodos de apostasía y reforma. La observancia del diezmo en Judá tendía a ser más fiel, especialmente durante los reinados de monarcas piadosos como Ezequías y Josías, quienes promovieron activamente la restauración de la Ley y el retorno a las prácticas religiosas legítimas. En estos momentos de renovación espiritual, el diezmo fue reivindicado como un instrumento clave para sostener el templo, los sacerdotes y levitas, y para cuidar a los sectores vulnerables de la sociedad. Así, la función del diezmo en los dos reinos reflejaba el estado espiritual y político de cada uno: mientras en Judá servía como columna vertebral para la vida religiosa y social, en Israel fue muchas veces relegado, descuidado o corrompido, evidenciando las consecuencias de la infidelidad al pacto con Dios.

Esta dinámica muestra que el diezmo no era solo una cuestión económica, sino un reflejo tangible de la relación del pueblo con Yahveh, y que su correcta administración y cumplimiento dependían en gran medida de la voluntad y liderazgo de sus gobernantes y del compromiso colectivo con la Ley.

Variaciones del diezmo durante los Reyes

Durante los distintos reinados en la historia de Israel y Judá, la observancia y administración del diezmo experimentó fluctuaciones marcadas por la espiritualidad y las políticas de cada monarca. En los períodos de reforma religiosa, cuando los reyes buscaban restaurar la fidelidad a la Ley mosaica, el diezmo era rigurosamente recaudado y distribuido conforme a las normativas establecidas. Estas reformas fortalecían la centralización del culto en Jerusalén, donde el diezmo se convertía en un recurso vital para sostener el templo, los sacerdotes, levitas y las festividades sagradas.

En contraste, cuando los reyes caían en la idolatría o desatendían la Ley de Dios, el sistema de diezmos sufría distorsiones: la recaudación podía volverse irregular, ser usada con fines personales o políticos, o incluso ser suspendida. Esta negligencia tenía consecuencias directas sobre el funcionamiento del templo y el bienestar de las clases religiosas y sociales que dependían de esos recursos.

Uno de los rasgos más destacados durante las reformas fue la distribución centralizada del diezmo en Jerusalén. Esto garantizaba que, aunque los levitas estuvieran dispersos por diferentes regiones y ciudades, tuvieran acceso a las provisiones necesarias para su sustento. El pueblo contribuía de manera solidaria para asegurar que quienes servían en el templo pudieran dedicarse plenamente a sus funciones sagradas, sin la carga de trabajar en otros oficios para su subsistencia.

Esta centralización también reforzaba la unidad nacional y espiritual, ya que el diezmo no solo era un acto económico, sino un símbolo de comunión y compromiso colectivo con Yahveh y con la estructura teocrática de Israel. Sin embargo, la eficacia de este sistema dependía en gran medida del liderazgo fiel y de la respuesta del pueblo a las convocatorias de los reyes y sacerdotes.

Con la estructura teocrática, el diezmo no solo se veía como una práctica devocional, sino como una obligación legal del pueblo hacia la casa de Dios.

En tiempos de reforma religiosa, como en los reinados de Ezequías y Josías, el diezmo fue restaurado con rigor para asegurar que los sacerdotes y levitas pudieran dedicarse completamente al servicio del templo.

En los tiempos de apostasía, especialmente en el Reino

del Norte, la práctica del diezmo se veía con menos consistencia, y a menudo se asociaba con el deseo de la fidelidad al sistema de sacrificios que se apartaba de la ley dada por Dios. El diezmo, tal como se practicaba en tiempos de los reyes, no es directamente aplicable a la iglesia moderna sin tomar en cuenta las diferencias en el contexto y la naturaleza de la iglesia como cuerpo de creyentes, y no como un reino con obligaciones específicas de dar al templo. En este sentido, Pablo subraya la libertad y la generosidad en lugar de la obligación legal.

Reformas religiosas en el Antiguo Testamento: Ezequías y Nehemías

Las reformas religiosas impulsadas por Ezequías y Nehemías representan momentos decisivos en la historia de Israel, particularmente en lo relacionado con la observancia del diezmo y la restauración de la pureza en el culto a Yahveh. En épocas de decadencia espiritual y alejamiento de la Ley mosaica, estas dos figuras surgieron como líderes comprometidos con devolver al pueblo a la fidelidad a Dios y a sus mandamientos.

Ezequías, rey de Judá, promovió una renovación profunda que incluyó la eliminación de ídolos y lugares de culto pagano, la reinstauración del templo y la reactivación del sistema sacrificial y de diezmos conforme a la Ley. Su reforma no solo buscó corregir la práctica religiosa, sino también asegurar que los levitas y sacerdotes recibieran el sustento necesario para desempeñar sus funciones sin obstáculos, fortaleciendo así la estructura teocrática y espiritual del reino.

Por su parte, Nehemías, ya en el período posterior al exilio, lideró la reconstrucción de Jerusalén y promovió una restauración aún más radical del pacto con Dios. En este contexto, la recolección y entrega del diezmo cobraron un significado renovado como expresión de obediencia, arrepentimiento y compromiso comunitario. La restauración de estas prácticas fue fundamental para consolidar la identidad nacional y religiosa tras años de dispersión y destrucción.

Ambas reformas demostraron que el diezmo no era simplemente un acto económico, sino una manifestación tangible de la relación entre Dios y su pueblo, un símbolo de dependencia, gratitud y justicia social. Su restauración fue clave para revitalizar la vida espiritual, reestablecer la cohesión social y garantizar el funcionamiento adecuado del culto y las instituciones religiosas en Israel.

Reforma de Ezequías (2 Crónicas 29-31)

Ezequías, rey de Judá, es recordado como uno de los reformadores religiosos más importantes de la historia de Israel. Su reinado marcó un antes y un después en la vida espiritual del pueblo, ya que se dedicó con celo a eliminar la idolatría y a restablecer la fidelidad a Jehová. Una de las piedras angulares de su reforma fue precisamente la restauración rigurosa del sistema de diezmos, elemento esencial para sostener el templo, el sacerdocio y la tribu de Leví.

Bajo su mandato, se ordenó la recolección abundante de los diezmos de grano, vino, aceite, miel y todos los productos del campo, como una expresión concreta de obediencia y compromiso con la Ley de Moisés. Esta restauración no solo garantizó el sustento material de los levitas y sacerdotes, quienes no tenían heredad propia, sino que también revitalizó la práctica religiosa comunitaria, reforzando la relación entre el pueblo y Dios.

La respuesta del pueblo fue notable, mostrando una actitud de generosidad y reverencia ante el mandamiento real inspirado por Dios. Así, Ezequías logró fortalecer la estructura teocrática de Judá, asegurando que el culto se realizara conforme a las prescripciones divinas y que quienes servían en el templo pudieran dedicarse plenamente a su ministerio sin preocuparse por sus necesidades básicas. Su reforma fue un modelo de restauración espiritual integral, donde el diezmo jugó un papel central como símbolo de adoración, dependencia y justicia social.

Restauración del templo

Durante su reinado, Ezequías emprendió una profunda purificación y restauración del templo de Jerusalén, que había sido profanado y descuidado durante el mandato de su padre, el rey

Acaz. Este proceso de renovación espiritual y física incluyó la reconstrucción y reparación del altar de los sacrificios, que era el centro del culto a Yahveh, así como la reinstauración rigurosa de los sacrificios y ofrendas conforme a las instrucciones establecidas en la Ley mosaica.

Ezequías buscó eliminar las prácticas idólatras que se habían introducido en el templo y restablecer el orden sagrado que debía prevalecer en la Casa de Dios. La restauración del altar no solo tenía un valor simbólico, sino que era fundamental para reanudar la comunión correcta entre Dios y su pueblo a través de los ritos prescritos. De esta manera, se reafirmó la importancia de la obediencia a la Ley y del sistema de diezmos como parte integral del culto, asegurando que las ofrendas y las dádivas fueran entregadas de manera justa y que el sacerdocio pudiera cumplir con sus funciones sagradas.

La reforma de Ezequías fue, por tanto, un acto de renovación espiritual que buscó devolver a Judá a la fidelidad original con Yahveh, restaurando la pureza del culto y la centralidad del templo en la vida religiosa y social del pueblo.

En 2 Crónicas 29:20-24 leemos que Ezequías convocó a los sacerdotes y levitas para llevar a cabo una minuciosa purificación del templo, que había sido profanado por prácticas idólatras y negligencia espiritual. Bajo su liderazgo, estos ministros sagrados limpiaron y consagraron nuevamente el lugar santo, preparándolo para retomar las funciones rituales conforme a la Ley de Moisés.

Posteriormente, ofrecieron sacrificios de expiación para cubrir los pecados del pueblo, un acto esencial que no solo restauró la santidad del templo, sino que también permitió la reconciliación entre Israel y Yahveh. Estos sacrificios simbolizaban el arrepentimiento colectivo y la restauración del pacto, reafirmando la importancia del templo como el centro espiritual y la presencia divina entre el pueblo.

Gracias a esta acción, el templo volvió a ser un espacio consagrado, apto para la adoración legítima y el cumplimiento de las leyes divinas, marcando así un punto de inflexión en la vida religiosa de Judá bajo el reinado de Ezequías.

La recaudación del diezmo

Ezequías no solo se enfocó en la restauración física y espiritual del templo, sino que también comprendió la importancia de restablecer el sistema de diezmos como pilar fundamental para el sustento del culto y del sacerdocio. Reconociendo que los levitas y sacerdotes no poseían tierras ni medios propios para su subsistencia, garantizó que recibieran los recursos necesarios para dedicarse plenamente a sus funciones sagradas.

Como se registra en 2 Crónicas 31:5-6, la respuesta del pueblo fue contundente y generosa: ante el mandato real, los israelitas trajeron en abundancia los primeros frutos del grano, vino, aceite, miel y todo lo producido en sus campos, junto con sus diezmos de animales y otros bienes. Esta entrega masiva permitió que los servidores del templo tuvieran lo suficiente para vivir y cumplir con sus responsabilidades sin tener que buscar otras ocupaciones, reafirmando así la centralidad del templo en la vida religiosa y social del pueblo.

La restauración del diezmo bajo Ezequías consolidó un sistema que no solo sostenía materialmente al clero, sino que también fortalecía la relación entre Dios y su pueblo, a través del cumplimiento fiel de la ley y la expresión tangible de la dependencia y gratitud hacia Yahveh.

Reforma de Nehemías (Nehemías 10:32-39; 13:10-12)

Nehemías fue una figura clave en la revitalización espiritual y social de Israel tras el regreso del exilio babilónico. Como gobernador de Judá, no solo supervisó la reconstrucción de los muros de Jerusalén, asegurando la protección física de la ciudad, sino que también promovió una reforma profunda en la observancia de la ley y las prácticas religiosas.

Junto con Esdras, el escriba y sacerdote, Nehemías impulsó la restauración de la pureza religiosa, animando al pueblo a cumplir con las leyes mosaicas, entre ellas la correcta práctica del diezmo. Esto fue fundamental para reestablecer el orden en el templo y garantizar el sustento de los levitas y sacerdotes, quienes habían sufrido grandes dificultades durante el exilio y la desolación de Jerusalén.

El compromiso de Nehemías con la renovación espiritual incluyó la exhortación al pueblo para que entregara sus diezmos y ofrendas con fidelidad, reconociendo que esta práctica era una expresión de su pacto con Dios y un medio para sostener el culto y la comunidad religiosa. Su liderazgo ejemplar sentó las bases para una comunidad restaurada, consciente de su identidad y de su responsabilidad ante Yahveh.

Compromiso con el diezmo

En Nehemías 10:32-39 se registra un momento clave en la historia postexílica de Israel: los líderes y el pueblo hacen un pacto solemne en el que se comprometen a cumplir fielmente con la ley de Dios, incluyendo la entrega del diezmo y las ofrendas al templo. Este pacto establece claramente que se dará una décima parte de toda la producción agrícola —grano, vino y aceite— a los levitas y sacerdotes, quienes no tenían heredad ni tierras propias y dependían de estas provisiones para vivir y realizar su servicio sagrado. La correcta administración y entrega del diezmo era vital para el sostenimiento de las actividades religiosas y el mantenimiento del templo, centro espiritual y social de la comunidad.

Sin embargo, como se revela en Nehemías 13:10-12, tras un tiempo de descuido y falta de vigilancia, la práctica del diezmo había sido abandonada, lo que provocó serias consecuencias: los levitas y sacerdotes se vieron obligados a abandonar sus funciones en el templo para buscar sustento en otros lugares. Esta situación enfureció a Nehemías, quien tomó medidas enérgicas para corregir la negligencia. Reprendió a los oficiales y al pueblo, ordenando que se recolectaran inmediatamente los diezmos correspondientes para restablecer el sustento de los ministros de Dios. De esta forma, Nehemías aseguró que los levitas y sacerdotes pudieran dedicarse plenamente a su ministerio sin preocuparse por sus necesidades materiales.

Este pasaje no solo refleja la importancia práctica del diezmo en la vida religiosa y social del Israel restaurado, sino que también subraya la estrecha relación entre la fidelidad al pacto y la prosperidad espiritual y comunitaria. La restauración del diezmo fue parte integral del esfuerzo más amplio de Nehemías por renovar la identidad y la devoción del pueblo hacia Yahveh, reafirmando el compromiso con la Ley y el cuidado de quienes servían en el templo.

Importancia de las reformas de Ezequías y Nehemías

Las reformas impulsadas por Ezequías y Nehemías representaron un renacer espiritual decisivo para el pueblo de Israel, marcando la restauración del sistema de diezmos como un acto de fidelidad y obediencia a Dios. Estas dos figuras históricas comprendieron que la práctica correcta del diezmo no era simplemente un asunto económico, sino un reflejo tangible de la relación del pueblo con Yahveh y una expresión de compromiso con la Ley divina.

Ezequías, en su reinado, llevó a cabo una restauración integral del templo y de las prácticas religiosas, incluida la observancia rigurosa del diezmo. Su reforma fue mucho más que una renovación física; fue una llamada al pueblo para que purificara su corazón y volviera a un compromiso genuino con Dios. El restablecimiento del diezmo bajo su mandato subrayó que un corazón sincero y consagrado debía manifestarse en acciones concretas, como el sostenimiento económico de los levitas y sacerdotes, quienes dedicaban su vida al servicio sagrado. Este acto de dar no solo sustentaba el ministerio religioso, sino que también simbolizaba la dependencia total del pueblo en la provisión divina.

Por su parte, Nehemías desempeñó un papel crucial en el período post-exílico, asegurando que el sistema del diezmo fuera implementado con precisión y justicia. Tras el exilio, cuando la comunidad enfrentaba desafíos para restablecer su identidad y estructura, Nehemías fue un líder decisivo que restauró tanto el orden económico como espiritual. Su insistencia en la correcta recaudación del diezmo permitió que los levitas y sacerdotes volvieran a desempeñar plenamente sus funciones en el templo, fortaleciendo la cohesión social y religiosa de Israel. Así, el diezmo bajo Nehemías no solo fue una cuestión de cumplimiento legal, sino una herramienta para revitalizar la vida comunitaria y el pacto con Dios.

En conjunto, las reformas de Ezequías y Nehemías muestran que el diezmo, lejos de ser una mera obligación, es un medio para experimentar la bendición divina a través de la fidelidad y la solidaridad con los servidores del templo y la comunidad en general. Este sistema fue vital para mantener la pureza del culto y la estabilidad social en Israel, recordando al pueblo que su prosperidad y bienestar estaban directamente ligados a su obediencia y devoción a Yahveh.

Denuncias proféticas contra la corrupción y el olvido del Diezmo (Malaquías 3:6-12)

El profeta Malaquías ocupa un lugar fundamental en el Antiguo Testamento, siendo el último de los profetas menores antes del llamado "periodo de silencio" que precede la venida de Jesús. Su ministerio se desarrolló en un contexto postexílico, cuando el pueblo de Israel había sido restaurado tras el exilio en Babilonia, pero aún enfrentaba numerosos problemas espirituales y sociales. A pesar de haber reconstruido el templo y renovado ciertas prácticas religiosas, la nación padecía de corrupción, indiferencia y un decaimiento en la observancia auténtica de la ley de Dios. Uno de los temas centrales que Malaquías aborda con gran firmeza es la negligencia y el desprecio hacia el diezmo.

En el capítulo 3, Dios denuncia directamente a su pueblo por "robarle" al no traer los diezmos y ofrendas al alfolí, exhortándolos a la fidelidad y asegurándoles que, si cumplen, Él derramará bendición abundante sobre ellos. Este pasaje es clave para entender no solo la importancia del diezmo en la vida espiritual y social de Israel, sino también las consecuencias que trae la desobediencia para la relación con Dios y el bienestar comunitario.

Sin embargo, es importante destacar que este versículo ha sido uno de los más malinterpretados y mal utilizados en la historia de la iglesia, especialmente en ciertos círculos religiosos contemporáneos. En muchas congregaciones se usa este pasaje como una herramienta de presión o manipulación para exigir dinero a los fieles, muchas veces presentando el diezmo como una fórmula mágica para recibir prosperidad financiera sin considerar su verdadero contexto.

Un error común es confundir el concepto del "alfolí" mencionado en Malaquías con un "cofre" donde se depositaba dinero. En realidad, el alfolí era una habitación o granero específico del templo donde se almacenaban los productos agrícolas —grano, aceite, vino— que representaban el diezmo dado por el pueblo. No se trataba de una caja de dinero ni de una recaudación financiera moderna. Esta distinción es esencial para entender el sistema económico y social de la época, que estaba basado en la agricultura y la provisión material, no en transacciones monetarias tal como las conocemos hoy.

A continuación, analizaremos detenidamente este pasaje de Malaquías 3:8-10 para comprender su contexto histórico, teológico y social, y también para clarificar cómo debería interpretarse en la actualidad sin caer en abusos o malentendidos que distorsionan su mensaje original.

Contexto y análisis: La Inmutabilidad de Dios

> "Porque yo, Jehová, no cambio; por esto, hijos de Jacob, no habéis sido consumidos" (Malaquías 3:6).

Este versículo es fundamental, ya que muestra el carácter inmutable de Dios. A pesar de las fallas del pueblo de Israel, Dios sigue siendo fiel a Su pacto. Esta fidelidad divina es la razón por la cual el pueblo no ha sido destruido, a pesar de su desobediencia.

La acusación de robo espiritual

> "Desde los días de vuestros padres os os habéis apartado de mis estatutos y no los habéis guardado. Volveos a mí, y yo me volveré a vosotros, ha dicho Jehová de los ejércitos. Pero dijisteis: ¿En qué hemos de volvernos?" (Malaquías 3:7)

Dios acusa a Israel de apartarse de Sus mandamientos, especialmente de las prácticas relacionadas con el diezmo. El pueblo había dejado de obedecer los mandatos de Dios, y esto se reflejaba en su falta de fidelidad al diezmo y las ofrendas que debían traer al templo.

> "¿Robará el hombre a Dios? Pues vosotros
> me habéis robado. Y dijisteis: ¿En qué te he-
> mos robado? En los diezmos y las ofrendas"
> (Malaquías 3:8).

La acusación es directa y severa: robar a Dios. El diezmo, según la Ley, no era una sugerencia sino una obligación. No dar el diezmo se considera un robo, ya que el diezmo era propiedad de Dios. El pueblo de Israel había sido negligente en esta área, y esta negligencia era vista como una grave violación del pacto.

> "Malditos sois con maldición, porque voso-
> tros, la nación toda, me habéis robado" (Mala-
> quías 3:9).

El resultado de no cumplir con el mandato del diezmo es la maldición. No es solo un fallo individual, sino un problema nacional. La negligencia del diezmo afecta a todo el pueblo, y la maldición de Dios cae sobre la nación como resultado de su desobediencia colectiva.

Es fundamental comprender que la Iglesia y Israel son dos entidades distintas, cada una con un propósito y un mandato únicos que no deben ser confundidos. La Escritura nos enseña claramente que Cristo ha venido a cumplir lo que estaba bajo la ley, y al hacerlo, ha eliminado la maldición que ésta traía, convirtiéndose Él mismo en maldición por nosotros. La Iglesia, por lo tanto, no está sujeta a los requisitos de la ley mosaica, como los diezmos, las fiestas, o el sabbat, ya que todo fue cumplido en Cristo, quien nos otorgó la gracia.

La Iglesia no es Israel. El propósito de la Iglesia no es el mismo que el de Israel, ni su llamamiento ni su relación con Dios. La relación que la Iglesia tiene con Dios está fundamentada en la obra redentora de Cristo, quien en su sacrificio en la cruz, abolió la ley y nos dio acceso a la salvación por medio de la fe. La Escritura es clara en que Cristo ha sido el cumplimiento de la ley (Mateo 5:17), y al ser Él el cumplimiento de todas las demandas de la ley, los creyentes en

Cristo ya no estamos bajo su dominio ni bajo su condena.

El sacrificio de Cristo en la cruz significó que la ley fue cumplida y que nosotros, como creyentes, ya no estamos sujetos a las exigencias de las prácticas que fueron dadas a Israel, tales como los sacrificios, las ofrendas, el diezmo obligatorio, y el descanso sabático. La ley mosaica fue dada a Israel como un medio para guiarles hacia la justicia, pero Cristo, al hacerse maldición por nosotros, liberó a la Iglesia de esas cargas, dándonos acceso directo a la gracia de Dios.

Es importante que no dejemos que las enseñanzas equivocadas de ciertos predicadores nos engañen. La Iglesia no es Israel, ni en propósito ni en llamamiento. Israel, como nación, tiene un plan y un propósito divino distinto que se desarrollará en su totalidad en el futuro, especialmente en lo que se refiere a la restauración prometida y a las promesas hechas a los patriarcas, Abraham, Isaac y Jacob.

En contraste, la Iglesia es el cuerpo de creyentes en Cristo, llamados a llevar el mensaje de la gracia y la salvación a todas las naciones. Nuestro mandato es el de predicar el Evangelio, no el de seguir los rituales o las leyes que eran específicas para Israel bajo el antiguo pacto. La gracia de Cristo nos libera de la obligación de cumplir con los mandatos de la ley, y nos llama a vivir en libertad, obedeciendo a Dios no por obligación legal, sino por amor y gratitud por lo que Él hizo por nosotros en la cruz.

El tema del diezmo es un buen ejemplo de cómo la enseñanza equivocada puede surgir de mezclar la ley con la gracia. En el Antiguo Testamento, el diezmo era una obligación bajo la ley, pero en el Nuevo Testamento, vemos que la ofrenda es presentada como un acto voluntario, no como una carga o una obligación legal. Como nos enseña **2 Corintios 9:7**, Dios ama al dador alegre, y nuestra ofrenda debe ser el reflejo de un corazón dispuesto, no de una obligación impuesta. La Iglesia no está llamada a cumplir con la ley, por lo tanto, está exenta de la maldición de Malaquías 3:10, sino a vivir en la libertad que Cristo nos dio. Que nadie nos engañe, pues la Iglesia no es Israel, y aunque hay principios en las Escrituras que podemos aprender de Israel, nuestro camino es diferente. Somos llamados a dar, sí, pero de acuerdo con lo que tengamos y con un corazón dispuesto, no bajo el peso de una ley antigua que Cristo ya cumplió.

El llamado al arrepentimiento y la promesa de bendición (Malaquías 3:10-12)

> "Traed todos los diezmos al alfolí, para que haya alimento en mi casa, y probadme ahora en esto, dice Jehová de los ejércitos, si no os abriré las ventanas de los cielos, y vaciaré sobre vosotros bendición hasta que sobreabunde" (v.10).

Dios invita a Su pueblo a probarle en esta área: traer el diezmo a la casa de Dios. Es una promesa de bendición si cumplen con la obediencia de traer los diezmos. Dios asegura que, si lo hacen, Él abrirá las ventanas de los cielos y derramará bendición abundante. Esta es una promesa de prosperidad, no solo material, sino espiritual, ya que el diezmo es una forma de honrar a Dios con lo que Él ha provisto.

> "Reprenderé también por vosotros al devorador, y no os destruirá el fruto de la tierra, ni vuestra vid en el campo será estéril, dice Jehová de los ejércitos" (v.11).

Dios promete proteger a Su pueblo de los efectos del mal que podría venir si no honran Su mandato. El devorador, que podría ser interpretado como plagas o maldiciones externas, no tendrá poder sobre ellos si son fieles al diezmo.

> "Y todas los naciones os dirán bienaventurados, porque seréis tierra deseable, dice Jeho-

vá de los ejércitos" (v.12).

Al final, el cumplimiento de los mandamientos, incluido el diezmo, hará que Israel sea visto como una nación bendecida. El pueblo de Dios será admirado por su prosperidad y por su obediencia a las leyes divinas.

El Nuevo Testamento nos presenta un principio distinto, pero igualmente profundo: el principio de la siembra y cosecha. Este principio, arraigado en la gracia, no implica maldiciones ni alteraciones en nuestra relación con Dios, sino que refleja la generosidad y la sabiduría divina en la manera en que manejamos nuestros recursos.

Conclusión de Malaquías 3:6-12 y su aplicación en la Iglesia

Malaquías 3:10 ha sido interpretado de manera fraudulenta por algunos líderes religiosos para justificar la extorsión económica de los creyentes. Este pasaje, que se refiere al diezmo en el contexto de la nación de Israel, ha sido sacado de su contexto original y manipulado para presionar a los cristianos a dar dinero bajo la promesa de bendiciones materiales.

El uso de Malaquías 3:10 en la iglesia moderna para presionar a los creyentes a dar el diezmo está claramente fuera de contexto. Aquí están algunos puntos claves para entender por qué esta interpretación es incorrecta y manipuladora:

- El pacto de Dios con Israel en el Antiguo Testamento no se aplica a la iglesia del Nuevo Testamento. Los cristianos no son parte de la nación de Israel bajo la Ley Mosaica, y, por lo tanto, no están sujetos a las mismas reglas relacionadas con el diezmo. La iglesia es un cuerpo espiritual y no una nación geográfica bajo una ley terrenal.

- El diezmo que Dios mandó a Israel tenía un propósito específico relacionado con el sostenimiento del sistema sacerdotal y la atención de las necesidades del pueblo. Este sistema de diezmo ya no es aplicable a los cristianos, que están llamados a dar generosamente, pero no de manera forzada o bajo la amenaza de maldiciones.

La bendición no es material

El pasaje de Malaquías 3:8-10 promete bendiciones abundantes a quienes sean fieles en la entrega del diezmo, y estas bendiciones se presentan en un marco material, ligado a la prosperidad y la provisión tangible para el pueblo de Israel en su contexto agrícola y teocrático. Dios asegura que si el pueblo trae íntegramente los diezmos al alfolí, Él "vaciará por vosotros la bendición hasta que sobreabunde" (Malaquías 3:10), un lenguaje que claramente resuena con necesidades físicas y económicas de aquella época.

Sin embargo, el Nuevo Testamento ofrece una perspectiva más amplia y profunda sobre la naturaleza de las bendiciones divinas, enfocándolas principalmente en lo espiritual. En Efesios 1:3, por ejemplo, el apóstol Pablo declara que Dios "nos bendijo con toda bendición espiritual en los lugares celestiales en Cristo", subrayando que las verdaderas riquezas y bienes que Dios otorga a sus hijos trascienden lo material y apuntan hacia la transformación interior, la comunión con Él y la herencia eterna.

Esto no significa que Dios rechace bendecir materialmente a sus hijos, pero las promesas del Nuevo Testamento insisten en que las bendiciones espirituales son las más valiosas y duraderas. A diferencia del sistema de la Ley, donde el diezmo tenía una función social y económica específica dentro de la comunidad de Israel, la vida cristiana se fundamenta en una relación de fe y gracia que va más allá de la simple observancia ritual o contribuciones materiales.

Por ello, es crucial interpretar los textos sobre bendiciones y diezmos con equilibrio, entendiendo que las promesas materiales del Antiguo Testamento respondían a un contexto particular, mientras que las bendiciones que Dios ofrece hoy son principalmente espirituales, aunque puedan manifestarse también en la provisión y cuidado material conforme a su voluntad.

La manipulación de la fe

Muchos predicadores modernos insisten en que el diezmo es una obligación estricta para todo cristiano y utilizan el versículo de Malaquías 3:10 como un arma para presionar y manipular a los creyentes. Este pasaje, que habla de bendiciones materiales y maldiciones para quienes no den el diezmo, es sacado de contexto para infundir temor y garantizar la entrega constante de dinero a las iglesias o líderes religiosos.

El problema es que este "versículo inmortal" se ha convertido en la llave maestra para el engaño y el saqueo de los bolsillos de personas vulnerables. Bajo la amenaza de perder bendiciones o sufrir consecuencias negativas, muchas personas son llevadas a dar por miedo y no por fe o generosidad sincera.

Este tipo de manipulación distorsiona el verdadero espíritu del evangelio, que no llama a una obligación legalista sino a la generosidad voluntaria, alegre y motivada por el amor a Dios y al prójimo. La fe genuina se manifiesta en dar con libertad, no en dar bajo presión ni con la expectativa de recibir riquezas materiales a cambio.

Es fundamental que los creyentes entiendan el contexto histórico y teológico de Malaquías, y que aprendan a discernir entre una enseñanza que edifica y una que explota la fe para beneficio económico. Solo así se podrá vivir un cristianismo auténtico, basado en la gracia y la libertad, no en el temor ni la extorsión.

Relación entre justicia social y fidelidad al diezmo

La relación entre justicia social y fidelidad al diezmo es un tema profundo que involucra principios bíblicos sobre el cuidado de los necesitados, la distribución justa de los recursos y la generosidad hacia los demás. Aunque el concepto de diezmo ha sido interpretado de diversas maneras a lo largo de la historia de la iglesia, se puede establecer un vínculo importante entre la fidelidad al diezmo (en su concepto más amplio) y las enseñanzas sobre justicia social presentes tanto en el Antiguo como en el Nuevo Testamento.

En el Antiguo Testamento, el diezmo era parte de una estructura social y religiosa que no solo sustentaba el templo y los levitas, sino que también servía como una herramienta de justicia social dentro de la comunidad de Israel. Los diezmos eran utilizados para apoyar a los más vulnerables de la sociedad, como los huérfanos, las viudas, los extranjeros y los levitas que no poseían tierras propias. Por ejemplo, el diezmo del tercer año (o diezmo de los pobres) era específicamente destinado a los necesitados dentro de la comunidad, y esto refleja un principio de solidaridad y equidad que se asocia estrechamente con los valores de justicia social.

Pasajes relevantes

"Al final de cada tres años, sacarás todos los diezmos de tu fruto de ese año y los pondrás en tus ciudades. Y vendrán el levita, el extranjero, el huérfano y la viuda, y comerán, se saciarán, para que Jehová tu Dios te bendiga en toda obra que tus manos hicieren" (Deuteronomio 14:28-29).

"Cuando hayas terminado de dar todo el diezmo de tu fruto en el tercer año, el año del diezmo, lo darás al levita, al extranjero, al huérfano y a la viuda, para que coman dentro de tus puertas y se sacien" (Deuteronomio 2C:12-13).

Este tipo de diezmo no solo reflejaba un acto religioso, sino una práctica de justicia social, ya que estaba diseñado para atender las necesidades de las personas más desprotegidas de la sociedad.

Diezmo y justicia social en el Nuevo Testamento

En el Nuevo Testamento, la relación entre la fidelidad en el dar y la justicia social se transforma profundamente en comparación con la estricta observancia legal del diezmo en el Antiguo Testamento. Jesús y los apóstoles ponen el énfasis en la generosidad voluntaria, en la disposición sincera del corazón y en el amor como la motivación principal para cualquier acto de dar.

Mientras que en la Ley mosaica el diezmo era una obligación establecida para sostener el templo y a los levitas, en las enseñanzas de Jesús se destaca que el verdadero valor del dar radica en la intención y en el espíritu con que se hace. En Marcos 12:41-44, por ejemplo, Jesús alaba a la viuda que da dos pequeñas monedas, porque dio todo lo que tenía, no por la cantidad sino por la entrega genuina y desinteresada.

La justicia social cobra un protagonismo especial en el ministerio de Jesús, quien continuamente llamó a sus seguidores a preocuparse por los pobres, los enfermos, los marginados y los oprimidos. Para Jesús, dar no es solo una cuestión económica, sino un acto de misericordia y justicia que refleja la fidelidad a Dios y al prójimo.

Por eso, la fidelidad a Dios en el Nuevo Testamento se manifiesta en cuidar de los necesitados, en compartir con generosidad y en practicar la justicia de manera concreta. La verdadera justicia social es una expresión del Reino de Dios en la tierra, y el acto de dar, sea diezmo o limosna, debe ser siempre una expresión de un corazón humilde y generoso, libre de coerción y de legalismos.

Así, el llamado de Jesús no es a cumplir una cuota o un mandato, sino a vivir una vida caracterizada por la solidaridad y el amor activo, que transforma tanto al que da como al que recibe.

Pasajes relevantes del Nuevo Testamento

> "¡Ay de vosotros, escribas y fariseos, hipó-
> critas! Porque diezmáis la menta, el anís y el
> comino, y habéis dejado lo más importante de
> la ley: la justicia, la misericordia y la fidelidad.
> A esto era necesario hacer, sin dejar de hacer
> aquello" (Mateo 23:23).

En este pasaje, Jesús no rechaza el diezmo como tal (porque aun cristo no había muerto ni resucitado y todavia estaban bajo la ley), sino que critica la hipocresía de aquellos que practican el diezmo de manera legalista, sin atender a la justicia y misericordia que deben caracterizar al pueblo de Dios.

> "El Espíritu del Señor está sobre mí, porque me
> ha ungido para dar buenas nuevas a los pobres; me
> ha enviado a proclamar libertad a los cautivos y
> dar vista a los ciegos, a poner en libertad a los
> oprimidos" (Lucas 4:18).

Este versículo refleja el corazón de la justicia social en el ministerio de Jesús: proclamar libertad a los cautivos y dar buena nueva a los pobres. El enfoque de la justicia social está presente en las acciones de Jesús, quien nunca enseñó un sistema económico que explotara a los pobres, sino uno que les diera dignidad y liberación.

CAPÍTULO 5:
INTERTESTAMENTO. EL DIEZMO EN EL JUDAÍSMO DEL SEGUNDO TEMPLO, LOS TEXTOS APÓCRIFOS, PSEUDOEPIGRÁFICOS Y QUMRÁN

El período intertestamentario, que abarca desde el regreso del exilio babilónico en el siglo VI a.C. hasta la aparición de Jesús en el siglo I d.C., fue una etapa crucial para la evolución del judaísmo. Durante estos siglos, la religión judía vivió una transformación profunda en su estructura, práctica y pensamiento teológico. Este tiempo estuvo marcado por la reinterpretación de las Escrituras, la consolidación de nuevas prácticas religiosas y la formación de diversas sectas como los fariseos, saduceos, esenios y zelotes.

En este contexto dinámico, el tema del diezmo también experimentó cambios significativos en su significado y aplicación. Los textos apócrifos y pseudoepigráficos, así como los manuscritos encontrados en Qumrán (los Rollos del Mar Muerto), ofrecen una valiosa fuente para comprender estas transformaciones.

Mientras que en la época bíblica el diezmo estaba vinculado directamente al sustento del Templo, los sacerdotes y levitas, en el período intertestamentario este sistema comenzó a tomar nuevas dimensiones. Por ejemplo, algunos textos de Qumrán evidencian un énfasis especial en la pureza ritual y el mantenimiento estricto de la ley, incluyendo la correcta entrega del diezmo, vista como un acto de fidelidad y preparación para la llegada del Mesías.

Además, la diversidad de grupos religiosos llevó a distintas interpretaciones y prácticas sobre el diezmo, reflejando su rol tanto en el sostén del culto como en la justicia social. En algunas comunidades, el diezmo incluía donaciones destinadas a la ayuda a los pobres y la obra comunitaria, anticipando así las ideas de responsabilidad social y caridad que serían enfatizadas en el judaísmo rabínico y en el cristianismo posterior.

Por lo tanto, el período intertestamentario representa un puente entre la ley mosaica tradicional y las nuevas formas de religiosidad que influyeron en la práctica del diezmo, transformándolo de un rito estrictamente legal a un símbolo de compromiso comunitario y espiritualidad renovada.

Los textos apócrifos y pseudoepigráficos

Los textos apócrifos y pseudoepigráficos, aunque no fueron incluidos en el canon hebreo oficial, desempeñaron un papel importante en el desarrollo del pensamiento religioso judío durante el período intertestamentario. Estas obras reflejan las tensiones, esperanzas y evoluciones doctrinales de un pueblo que vivía entre la herencia del templo y la ley mosaica, y las nuevas realidades del exilio, la dominación extranjera y la ausencia de un templo centralizado.

Estos textos ofrecen una ventana única a las prácticas religiosas de la época, incluida la concepción del diezmo, que ya no era simplemente un mandamiento ceremonial vinculado al Templo, sino una expresión más compleja de fidelidad, justicia y comunidad.

En los textos apócrifos como Tobit, se presenta el diezmo como parte de una vida justa y piadosa. Tobit, por ejemplo, afirma que ha dado fielmente el diezmo de sus bienes, incluyendo alimentos y ganancias, no sólo al

Templo, sino también como ayuda a los necesitados. Esto refleja una transición hacia un diezmo con fuerte contenido social.

Los escritos pseudoepigráficos, como el Libro de los Jubileos y 1 Henoc, también tratan temas como la justicia, el castigo divino y la fidelidad a la ley, incluyendo el diezmo. En el Libro de los Jubileos, se afirma que Abraham, Isaac y Jacob diezmaron incluso antes de la Ley Mosaica, lo cual se usa como justificación para la práctica universal y eterna del diezmo entre los justos. Aquí, el diezmo se presenta como una marca de pureza y obediencia, incluso en ausencia del templo.

El diezmo, en estos escritos, trasciende su función ritual para convertirse en un símbolo de integridad, justicia social y lealtad a Dios, adaptado a contextos en los que el Templo ya no era el eje central. Esta evolución sería clave para entender por qué en el judaísmo rabínico posterior y en el cristianismo primitivo, el diezmo se reinterpreta no como un impuesto religioso obligatorio, sino como una expresión del corazón, orientada al bien común y a la equidad social.

Eclesiástico (Sirácides)

Este libro, que también pertenece a los textos deuterocanónicos, refleja una teología de la generosidad y la justicia. En el capítulo 35, versículo 9, se menciona cómo los sacrificios y las ofrendas hechas a Dios son aceptadas, similar a la aceptación de los diezmos del Antiguo Testamento. Sirácides 35:9 dice:

> "El sacrificio del justo es aceptable, y su memoria no será olvidada".

Aunque el diezmo no se menciona directamente, la idea de dar a Dios lo mejor y cumplir con las obligaciones religiosas está profundamente impregnada en la narrativa, lo que sugiere que el diezmo continuaba siendo una práctica esencial, aunque más relacionada con la voluntariedad que con la obligación legal.

El diezmo en los escritos de Qumrán

Los Escritos de Qumrán, hallados en las cuevas de los alrededores del Mar Muerto entre 1947 y 1956, representan uno de los hallazgos más importantes del siglo XX para la comprensión del judaísmo del Segundo Templo. Estos textos reflejan la vida, las normas y la teología de una comunidad judía —probablemente los esenios— que se apartó del culto oficial en Jerusalén, al considerar que estaba corrompido, y estableció un modo de vida alternativo, centrado en la pureza ritual, la vida comunitaria y una estricta obediencia a la Torá.

En este contexto, el diezmo no desaparece, sino que se redefine:

- *Control interno del diezmo.* En textos como el Manual de Disciplina (1QS) y el Documento de Damasco (CD), el diezmo no se entrega al Templo de Jerusalén, sino que se administra dentro de la comunidad. Sólo los sacerdotes y levitas considerados "puros" según los estándares esenios tenían derecho a recibirlo.

- *Diezmo como símbolo de pureza y fidelidad.* En Qumrán, diezmar no era solo una obligación legal, sino un acto de fidelidad al pacto, una prueba de pertenencia y consagración. Incluso los productos más pequeños del campo debían ser cuidadosamente registrados y entregados.

- *Fines comunitarios y espirituales.* El diezmo sostenía la estructura interna de la comunidad: alimentaba a los levitas, sostenía el culto alternativo y se distribuía entre los pobres de su propio grupo. No era un acto público ni ceremonial, sino profundamente espiritual y comunitario.

- *Separación del judaísmo oficial.* Al no reconocer la autoridad del sacerdocio de Jerusalén, los esenios también invalidaban su administración del diezmo. Para ellos, entregar el diezmo al Templo era inaceptable, ya que equivalía a apoyar un sistema corrupto.

Ejemplo textual (Manual de Disciplina, 1QS VI, 18–20):

> "Y cada uno traerá todos sus diezmos de sus posesiones y de sus trabajos al sacerdote, hijo de Aarón, que está en la comunidad… Y él evaluará su diezmo… y lo administrará fielmente conforme a la palabra de la Torá".

Este pasaje muestra la seriedad con la que se trataba el diezmo: como un acto de obediencia meticulosa, mediado por una figura autorizada internamente, no por el templo oficial.

Los escritos de Qumrán revelan que en el judaísmo del Segundo Templo no existía una única forma de entender el diezmo. Para los esenios, el diezmo era un elemento clave de pureza, pertenencia y protesta espiritual. Su reinterpretación del diezmo como una obligación interna, ética y purificada del sistema corrupto de Jerusalén representa un eslabón fundamental en la evolución de la práctica religiosa judía, que más tarde influiría también en algunos elementos del cristianismo primitivo.

Los esenios creían que el diezmo debía ser separado no solo por motivos económicos, sino como un acto de obediencia y purificación espiritual. El dinero y los bienes que se entregaban al diezmo eran considerados una contribución a la pureza colectiva del pueblo. Este énfasis en la pureza a través del diezmo resalta un tema recurrente en los textos de Qumrán, que subrayan la importancia de vivir una vida separada y dedicada a Dios, distinta de las prácticas que consideraban corruptas en el resto de Israel, en especial en el Templo de Jerusalén.

Aunque los esenios practicaban el diezmo, y lo hacían con un rigor que superaba incluso el de otros grupos religiosos judíos de la época, no eran representativos del judaísmo mayoritario. Eran una secta separatista que se distanció radicalmente del Templo de Jerusalén, del sacerdocio oficial y de las prácticas aceptadas por el resto del pueblo.

Los esenios veían al Templo como profanado, al sacerdocio como ilegítimo y al resto del pueblo como espiritualmente contaminado.

Este dato es importante porque muestra cómo el diezmo puede ser utilizado también como un instrumento de control sectario, como ocurrió en Qumrán. Cuando la ofrenda o el dar son obligados dentro de una estructura cerrada, y se presentan como una prueba de fidelidad absoluta al grupo, se corre el riesgo de caer en manipulaciones religiosas.

El Diezmo en la tradición rabínica y en el Judaísmo Posterior

Si bien el diezmo se ve claramente como una práctica vinculada al judaísmo del Segundo Templo, su evolución en el judaísmo rabínico posterior es también importante. En las enseñanzas rabínicas de la Mishná y el Talmud, el diezmo continúa siendo una práctica central, pero se flexibiliza en su aplicación.

En la Mishná y el Talmud, se explican las diversas formas de diezmo, cómo se deben separar y cómo se distribuyen. El sistema de diezmo de los levitas, el diezmo del pobre, y el segundo diezmo (que se debía comer en Jerusalén) continúan siendo parte integral de la vida religiosa del pueblo judío. Los rabinos también desarrollaron interpretaciones sobre el diecismo voluntario, donde las ofrendas de diezmo podían ser más flexibles, pero siempre dentro del marco de la justicia social y el cumplimiento de la ley divina.

A lo largo del período intertestamentario, el diezmo no solo se mantuvo como una práctica religiosa importante, sino que también se desarrolló una teología y una ética del diezmo que lo vinculaba a la justicia social, la pureza espiritual y la obediencia a la ley de Dios. Aunque los textos apócrifos, pseudoepigráficos y de Qumrán no ofrecen una visión uniforme del diezmo, todos ellos sugieren que esta práctica era fundamental para el mantenimiento de la comunidad de fe, y no solo un acto económico. Sin embargo, es crucial reconocer que el diezmo, tal como se aplicaba en la época del Segundo Templo, no es directamente transferible a la iglesia cristiana que nació después de la caída de la Ley, ni a los contextos modernos, ya que el Nuevo Testamento presenta una visión más amplia y transformada de cómo los creyentes deben relacionarse con el dar y la generosidad.

Prácticas fariseas y rabínicas: la evolución del judaísmo en el Segundo Templo

En la época del Segundo Templo, el judaísmo se caracterizaba por una notable diversidad de enfoques y prácticas religiosas. Uno de los grupos más influyentes fue el de los fariseos, quienes desempeñaron un papel fundamental en la formación de la teología rabínica que perduró en el judaísmo posterior. Las prácticas fariseas y las desarrolladas más tarde por los rabinos influyeron en gran medida en la manera en que el pueblo judío interpretaba la ley, las tradiciones y las prácticas religiosas, incluido el diezmo.

Los fariseos fueron un grupo religioso influyente durante la época del Segundo Templo, conocidos por su enfoque rigorista hacia la ley y su énfasis en la pureza ritual. A diferencia de los saduceos, que se enfocaban principalmente en la elite sacerdotal y las prácticas del Templo de Jerusalén, los fariseos creían que toda la comunidad debía seguir la Torá, no solo los sacerdotes, y que la ley debía ser interpretada de manera más amplia para cubrir todos los aspectos de la vida cotidiana.

Los fariseos afirmaban que, junto con la Torá escrita, Dios había dado a Moisés una "Torá oral", que se transmitía de generación en generación. Esta tradición oral fue clave para la interpretación de las Escrituras y para la aplicación práctica de la ley. A través de la tradición oral, los fariseos pudieron dar explicaciones detalladas sobre las leyes del diezmo, las ofrendas y otras prácticas religiosas.

La "halajá"

La halajá es el cuerpo de leyes y normas que guían la vida diaria del judío. Los fariseos pusieron un énfasis particular en las normas de pureza y en los detalles rituales relacionados con el templo y la vida religiosa. Aunque no había un énfasis directo en el diezmo como tal, los fariseos interpretaron las leyes que regulaban las ofrendas y los diezmos como una obligación para todo el pueblo judío, no solo para los sacerdotes, como sucedía en el Templo.

Los fariseos enfatizaron la práctica del diezmo y de la ofrenda no solo como un acto de cumplimiento de la ley, sino como un medio para mantener una relación pura con Dios. Algunos puntos importantes incluyen el diezmo de las especias

En Mateo 23:23 y Lucas 11:42, Jesús critica a los fariseos por cumplir meticulosamente con el diezmo de especias (como menta, eneldo y comino) mientras descuidan "lo más importante de la ley: la justicia, la misericordia y la fidelidad". Este pasaje muestra cómo los fariseos habían llegado a un formalismo extremo en la observancia del diezmo, aplicándolo incluso a los artículos más pequeños de la vida cotidiana. En lugar de verlo como una práctica de justicia social y generosidad, el diezmo se convirtió en un símbolo de cumplimiento minucioso de la ley.

El diezmo entre los fariseos también tenía un propósito social importante. Parte del diezmo estaba destinado a los levitas y los pobres, como se detalla en la ley mosaica (Números 18:21- 24; Deuteronomio 14:28-29). Los fariseos continuaron esta práctica, asegurando que los pobres y los levitas recibieran su parte justa, pero a menudo de forma muy reglamentada y a través de la observancia de la ley.

El rabinismo y su desarrollo posterior

Tras la destrucción del Segundo Templo en el año 70 d.C., el judaísmo experimentó una transformación profunda que dio origen al judaísmo rabínico, la forma dominante de la religión judía hasta hoy. Los rabinos, considerados sucesores de los fariseos, asumieron la responsabilidad de interpretar y aplicar la ley mosaica en un contexto completamente nuevo, en el que el Templo ya no existía como centro físico ni espiritual de culto. Esta nueva realidad exigió que las prácticas religiosas y legales tradicionales fueran adaptadas para mantener viva la fe y la identidad del pueblo judío. En este proceso, el sistema del diezmo, que originalmente estaba íntimamente ligado al sostenimiento del Templo y al servicio de los levitas y sacerdotes, fue reinterpretado para encajar en un marco comunitario sin un lugar de sacrificio central.

De este modo, los rabinos enfatizaron que, aunque el Templo había sido destruido, la obligación moral y espiritual de dar continuaba vigente. La práctica del diezmo se reorientó hacia el apoyo a los levitas, la ayuda a los pobres y el mantenimiento de las instituciones religiosas y educativas. Así, el diezmo dejó de ser únicamente una entrega material para el Templo y se convirtió en un compromiso comunitario y social, expresando la responsabilidad colectiva de cuidar a los más vulnerables y sostener la vida espiritual y cultural del pueblo judío.

Este cambio fue fundamental para la supervivencia del judaísmo durante siglos de diáspora, pues permitió que la ley y la tradición se mantuvieran vivas y significativas, aun sin el Templo. La enseñanza rabínica sobre el diezmo refleja esta adaptación y subraya la importancia de la generosidad y la justicia social como pilares del judaísmo post-templo.

El Talmud y la Mishná

La principal fuente de la doctrina rabínica sobre el diezmo es el Talmud, una vasta compilación que incluye la Mishná

—la ley oral— junto con extensos comentarios, análisis y debates de los sabios posteriores. En estos textos sagrados, el concepto del diezmo es interpretado con gran detalle y profundidad.

Aunque el Templo de Jerusalén ya no existía, y por tanto las prácticas tradicionales relacionadas con él no podían cumplirse de manera literal, el Talmud sostiene que las obligaciones de dar siguen siendo plenamente vigentes. En particular, se enfatiza la importancia de apoyar a los pobres, a los levitas y al sostenimiento de las instituciones religiosas y comunitarias, entendiendo que el diezmo trasciende la mera entrega física al Templo para convertirse en un compromiso ético y espiritual con la justicia social y la continuidad de la vida judía.

Así, la doctrina rabínica adapta el mandato bíblico del diezmo a las nuevas realidades históricas, manteniendo su esencia como un acto de generosidad responsable, un pilar para la cohesión y el bienestar de la comunidad en tiempos en que el Templo ya no era el centro activo del culto.

Los rabinos de la Mishná discutieron el concepto de diezmo bajo varias perspectivas

Los rabinos de la Mishná abordaron el concepto del diezmo desde diversas perspectivas, adaptándolo a las circunstancias posteriores a la destrucción del Templo y la reorganización de la vida religiosa judía. Aunque el Templo ya no existía como centro de culto, el diezmo para los levitas continuaba siendo una práctica significativa, pues aseguraba el sustento de la comunidad religiosa y la continuidad de sus funciones espirituales.

Sin embargo, al no poder entregarse directamente al Templo, los rabinos enfatizaron la importancia de que estos recursos se distribuyeran dentro de la comunidad para mantener el bienestar general. Además, la Mishná introdujo una ampliación del concepto del diezmo: la caridad y las limosnas fueron consideradas una forma legítima y necesaria de diezmar, entendiendo que la generosidad hacia los pobres y necesitados es una extensión natural de la obligación de dar una décima parte.

De esta manera, la práctica del diezmo dejó de ser únicamente un mandato ritual y se convirtió en un acto integral de justicia social y responsabilidad comunitaria. Los rabinos subrayaron que cuidar a los más vulnerables mediante la caridad era una manifestación concreta del mandamiento divino, vinculando la obscrvancia del diezmo con el compromiso ético de mantener la solidaridad y la equidad en la sociedad.

El diezmo y la filantropía en el rabinismo:

A medida que los rabinos comenzaron a guiar a la comunidad judía en un periodo posterior a la destrucción del Templo, la práctica del diezmo experimentó una profunda transformación. Ya no se percibía únicamente como un tributo o impuesto destinado exclusivamente a sostener a los sacerdotes y las funciones del Templo, sino que fue reinterpretado dentro de un marco más amplio de responsabilidad social y compromiso comunitario.

En ausencia del Templo, que había sido el centro espiritual y administrativo de Israel, los rabinos orientaron a la comunidad hacia una aplicación práctica del diezmo que enfatizaba la justicia social como expresión tangible de la fidelidad a Dios. Dar a los necesitados, especialmente a los pobres, se volvió un componente esencial del dar, entendido no solo como un acto de piedad personal, sino como un deber comunitario indispensable para mantener la cohesión y la solidaridad social. Este cambio reflejaba una comprensión más profunda del mandamiento divino: el diezmo, más que una obligación ritual o financiera, debía ser un medio para promover la equidad y la justicia dentro del pueblo, atendiendo a aquellos que carecían de recursos y garantizando que la comunidad no olvidara a sus miembros más vulnerables.

Por tanto, en la tradición rabínica, el diezmo adquirió un carácter más inclusivo y social, vinculando directamente el acto de dar con la práctica de la justicia, la misericordia y el amor al prójimo, principios fundamentales para la vida comunitaria y espiritual del judaísmo post-templo.

El rabinismo moderno, en la forma que existe hoy en día, ha continuado desarrollando la enseñanza sobre el diezmo. Sin embargo, la obligación de diezmar, tal como se entendía en tiempos de la Biblia, ya no es una práctica legalista estricta en el judaísmo contemporáneo. Aunque algunas comunidades judías siguen dando una décima parte de sus ingresos a fines religiosos o caritativos, el énfasis está más en la generosidad y la caridad voluntaria que en la obligación legal de diezmar. Las prácticas fariseas y rabínicas acerca del diezmo reflejan una interpretación amplia de la ley que no solo abarcaba el cumplimiento ritual y legal, sino que también hacía hincapié en el bienestar de la comunidad, la pureza moral y la justicia social. En este sentido, el diezmo no era solo un acto de obediencia religiosa, sino también un medio para mantener el orden social y apoyar a los más necesitados. Sin embargo, las prácticas que los fariseos y rabinos promovieron a menudo caían en el formalismo, como se observa en las críticas de Jesús a los fariseos. Para los rabinos, tras la destrucción del Templo, el diezmo pasó de ser un acto del sistema del Templo a convertirse en un mecanismo voluntario y social, centrado en la caridad y la justicia. Esto contrasta con la rígida estructura legalista de la ley mosaica, lo que refleja la evolución del judaísmo en el contexto post-templo.

Capítulo 6:
El diezmo en los Evangelios

En los Evangelios, el diezmo es un tema tratado de manera indirecta y a menudo en un contexto crítico, particularmente en relación con las prácticas religiosas de los líderes judíos de la

época. Aunque Jesús no aboga específicamente por el diezmo como una obligación para sus seguidores, su enseñanza sobre la generosidad, el espíritu detrás de la ley y la actitud hacia el dinero y las riquezas deja claro que el énfasis no está en el cumplimiento ritualista, sino en el corazón y la sinceridad de los creyentes.

A lo largo de los Evangelios, Jesús y sus seguidores proporcionan una enseñanza que reconfigura la idea tradicional del diezmo, desafiando las nociones de obligación legal y ritualismo vacío en favor de una espiritualidad más profunda y una ética del dar basada en el amor y la compasión genuina. En varios pasajes de los Evangelios, Jesús aborda la actitud del corazón ante las prácticas religiosas y la verdadera justicia. En muchos casos, se dirige a las autoridades religiosas de su tiempo, criticándolos por su hipocresía y por practicar un cumplimiento ritualista de la ley sin tener en cuenta la verdadera justicia interna.

El diezmo en Mateo 23:23 y su malinterpretación en la Iglesia moderna

> ¡Ay de ustedes, escribas y fariseos, hipócritas! Porque diezman la menta, el anís y el comino, pero han dejado de lado lo más importante de la ley: la justicia, la misericordia y la fidelidad. Esto debían hacer, sin dejar de hacer aquello» (Mateo 23:23).

Este pasaje ha sido frecuentemente utilizado por algunos sectores de la Iglesia como una justificación del diezmo en el Nuevo Testamento. Sin embargo, una lectura honesta y contextual de las Escrituras revela algo muy distinto.

Jesús no está instituyendo el diezmo como mandato para sus discípulos, ni está elevando esta práctica como modelo perpetuo para la Iglesia. Lo que Él hace es denunciar la hipocresía de los fariseos, quienes eran obsesivamente meticulosos con las minucias del diezmo —incluso de hierbas insignificantes como el anís y el comino— mientras descuidaban el corazón mismo de la Ley de Dios: la justicia, la misericordia y la fidelidad.

Es fundamental entender que Jesús hablaba a un pueblo que aún vivía bajo el régimen de la Ley Mosaica. Él mismo afirma que no vino a abrogar la Ley, sino a cumplirla (*cf.* Mateo 5:17). Y cuando algo se cumple, llega a su finalidad. La cruz marcó el punto culminante de ese cumplimiento. A través de su muerte y resurrección, Jesús inaugura el Nuevo Pacto, en el cual el acceso a Dios ya no depende del cumplimiento de ritos, normas ceremoniales o imposiciones legales como el diezmo, sino de una fe viva, sustentada por la gracia y evidenciada en el amor. Por tanto, este pasaje no debe ser leído como una orden para seguir diezmando bajo el Nuevo Pacto, sino como una denuncia de la religiosidad vacía y del legalismo superficial. Jesús no condena el acto del diezmo en su contexto, pero sí denuncia su uso como sustituto de lo que realmente importa ante Dios: una vida marcada por la compasión, la justicia y la verdad interior.

Lucas 18:9-14 (La parábola del fariseo y el publicano):

> "El fariseo, puesto de pie, oraba para sí mismo de esta manera: 'Dios, te doy gracias porque no soy como los demás hombres, ladrones, injustos, adúlteros, ni siquiera como este publicano. Ayuno dos veces a la semana, y doy el diezmo de todo lo que poseo'".

Esta parábola ilustra la actitud orgullosa del fariseo que considera su cumplimiento externo de la ley como un medio para justificar su superioridad moral sobre otros. En contraste, el publicano, que reconoce su pecado y se arrepiente, es exaltado por Dios, mientras que el fariseo es rechazado. Jesús utiliza este contraste para enfatizar que la justicia de Dios no depende del cumplimiento externo de rituales religiosos, sino de una humildad sincera y arrepentimiento genuino.

Contrario a las enseñanzas del Mishná, Ma'asrot que regula quién y cuándo debe diezmar o el Talmud de Babilonia, Taanit 9a, que dice "Diezma para que seas enriquecido", destacando el principio de recompensa en los Evangelios, Jesús enseña sobre la necesidad de un desapego radical de las riquezas y la prioridad del Reino de Dios sobre los bienes materiales. Esto se convierte en una enseñanza clave que ofrece un cambio de paradigma respecto a las preocupaciones materiales.

Mateo 6:19-21: Tesoros en el cielo: el verdadero valor del Reino de Dios

> "No os hagáis tesoros en la tierra, donde la polilla y el orín corrompen, y donde los ladrones minan y hurtan; sino haceos tesoros en el cielo, donde ni la polilla ni el orín corrompen,

y donde los ladrones no minan ni hurtan. Porque donde esté tu tesoro, allí estará también tu corazón".

Este pasaje, parte del Sermón del Monte, ofrece una enseñanza profunda de Jesús sobre las prioridades espirituales. Lejos de alentar la acumulación de bienes materiales o la confianza en sistemas religiosos externos, Jesús invita a sus discípulos a vivir con una perspectiva eterna, colocando su confianza no en lo que es visible y pasajero, sino en lo eterno e incorruptible.

La frase "donde esté tu tesoro, allí estará también tu corazón" revela un principio clave: nuestro corazón sigue aquello que valoramos. Por tanto, si el tesoro de una persona está en lo material, su vida girará en torno a lo terrenal. Pero si el tesoro está en Dios, en su justicia, y en servir al prójimo, entonces su corazón estará alineado con el Reino.

Jesús no está condenando el tener posesiones, sino el afán por acumularlas, el apego a ellas y la ilusión de seguridad que ofrecen. Tampoco está promoviendo una espiritualidad desconectada de la vida práctica: está enseñando que la verdadera obediencia a Dios se manifiesta en las decisiones que tomamos día a día, en nuestra relación con el dinero, con los demás, y con lo eterno.

En este contexto, la justicia no se demuestra por medio de ritos vacíos o contribuciones obligatorias, como el diezmo ritualista practicado por los fariseos, sino en actos concretos de misericordia, humildad y generosidad voluntaria. Jesús llama a sus seguidores a cambiar su sistema de valores: vivir con el Reino como centro y no dejar que el corazón se esclavice a lo efímero.

Marcos 12:41-44 (La viuda que dio dos blancas)

"Y estando Jesús sentado frente al arca de las ofrendas, miraba cómo el pueblo echaba dinero en el arca; y muchos ricos echaban mucho. Vino también una viuda pobre, y echó dos blancas, que valen un cuadrante. Entonces llamando a sus discípulos, les dijo: 'De cierto os digo que esta viuda pobre echó más que todos los que han echado en el arca, porque todos han echado de lo que les sobra, pero esta, de su pobreza, echó todo lo que tenía, todo su sustento'".

En esta historia, Jesús elogia el acto de generosidad de la viuda, que dio no solo un pequeño monto, sino todo lo que tenía. Este acto subraya la actitud de corazón detrás del dar, más que la cantidad o el cumplimiento de una ley. En el contexto del diezmo, esto refuerza que la cantidad dada no es lo que define la verdadera espiritualidad, sino el sacrificio personal, el compromiso con la obra de Dios y la disposición del corazón. A través de sus enseñanzas, Jesús desplaza el enfoque del diezmo de ser una obligación legal a un acto de generosidad espiritual. Su enfoque no está en la cantidad de dinero, sino en el corazón generoso, dispuesto a seguir los principios del Reino de Dios: justicia, misericordia, compasión y desapego de los bienes materiales. En los Evangelios, el diezmo no es promovido como una práctica obligatoria para los discípulos de Jesús. Más bien, las enseñanzas de Jesús redirigen el enfoque hacia una vida de generosidad voluntaria, una actitud de corazón que se aleja de la legalidad religiosa y se enfoca en un compromiso genuino con Dios y los demás. Mientras que en el judaísmo del Antiguo Testamento el diezmo era parte de un sistema ritualista y obligatorio, en los Evangelios se enfatiza la actitud interior y el deseo de vivir una vida de justicia y generosidad, lo que pone de relieve que los bienes materiales no definen la verdadera devoción a Dios.

En el contexto del judaísmo del Segundo Templo, el Templo de Jerusalén no solo era un lugar de culto, sino también un centro económico y administrativo crucial para la vida religiosa, social y política del pueblo de Israel. Los sacrificios, las ofrendas y los diezmos eran parte integral de la estructura que sustentaba la operación del Templo y el culto a Dios, contribuyendo al mantenimiento de los sacerdotes, levitas y las actividades del culto diario.

El templo como centro económico y religioso

En tiempos de Jesús, el Templo de Jerusalén no solo funcionaba como el principal centro de oración y adoración para el pueblo judío, sino que también operaba como una institución económica centralizada. Su mantenimiento requería enormes recursos humanos y materiales: desde los sacrificios diarios hasta la gestión de sus instalaciones, pasando por el sustento de sacerdotes, levitas y demás personal religioso.

El culto ofrecido en el Templo —sacrificios, ofrendas, festividades religiosas— no solo era un acto de fe, sino también un sistema estructurado que dependía de la contribución constante del pueblo. Diezmos, primicias, ofrendas voluntarias y rituales obligatorios generaban un flujo continuo de bienes, animales y dinero, lo cual convirtió al Templo en un núcleo económico de primer orden, con implicaciones tanto religiosas como sociales y políticas.

La "caja de las ofrendas"

En los Evangelios, se menciona que las personas llevaban sus ofrendas al Templo, contribuyendo con dinero a través de las cajas de las ofrendas o tesorerías (Marcos 12:41-44). Estos fondos eran utilizados tanto para el culto como para las necesidades de los sacerdotes y levitas.

La actitud de Jesús hacia el Templo

Cuando Jesús se refiere al Templo y a la práctica de la adoración ritual que lo rodea, lo hace con una clara actitud crítica hacia el sistema de sostenimiento económico que había crecido a su alrededor. Su confrontación con el Templo no fue solo con las prácticas religiosas vacías, sino también con el sistema económico corrupto que se había insertado dentro de la adoración a Dios.

Uno de los momentos más conocidos de la relación de Jesús con el Templo fue cuando, al llegar a Jerusalén, expulsó a los cambistas y a los vendedores de animales que operaban dentro del Templo (Mateo 21:12-13, Marcos 11:15-17, Juan 2:13-22). Los comerciantes y cambistas cobraban altos intereses y se aprovechaban de la necesidad del pueblo de comprar animales para sacrificios, lo que resultaba en una comercialización dc la adoración y una manipulación económica de las personas. Jesús los acusó de convertir la Casa de Dios en una "cueva de ladrones" (Marcos 11:17), denunciando la corrupción y la mercantilización del culto.

Esta acción subraya el rechazo de Jesús al hecho de que el sostenimiento económico del culto se hubiera convertido en una excusa para el lucro y la explotación de los pobres. En lugar de ser un lugar de adoración pura, el Templo se había transformado en un mercado donde se priorizaban los intereses financieros por encima del verdadero propósito del culto.

Jesús enseñó a sus discípulos que la verdadera riqueza no proviene de la acumulación de bienes materiales ni de la obsesión por el dinero, sino del corazón generoso y del deseo de seguir a Dios.

En Mateo 6:19-21, Jesús dijo:

> "No os hagáis tesoros en la tierra, donde la polilla y el orinoco destruyen, y donde ladrones desentierran y roban. Más bien, haceos tesoros en el cielo, donde ni la polilla ni el orinoco destruyen, y donde ladrones no desentierran ni roban. Porque donde esté tu tesoro, allí estará también tu corazón".

Este énfasis en la generosidad y en el desapego de las riquezas terrenales es clave para comprender la relación de Jesús con el dinero y las ofrendas: el dar no es un fin en sí mismo, sino una expresión del corazón dispuesto a seguir los principios del reino de Dios.

Jesús redefine el concepto de adoración y contribución económica al poner énfasis en lo que verdaderamente importa: un corazón dispuesto a dar con amor y un corazón transformado por el evangelio, más allá de las exigencias de una ley que no podía salvar ni purificar el alma.

Capítulo 7:
El diezmo en el Nuevo Testamento: Cartas y comunidad primitiva

Es un hecho claro que en el Nuevo Testamento no existe ningún versículo que relacione a la Iglesia con la práctica del diezmo. De hecho, cualquier intento de aplicar el diezmo a los cristianos hoy en día implica un malentendido de la relación entre la Ley Mosaica y el evangelio de Cristo, tal como fue enseñado por Jesús y sus apóstoles. No solo no hay versículos que vinculen el diezmo a la iglesia, sino que también la enseñanza apostólica rechaza cualquier intento de aplicar prácticas de la ley ceremonial y legalista a la vida cristiana.

El Nuevo Testamento, no proporciona una enseñanza explícita sobre la práctica del diezmo en la iglesia primitiva, ofrece principios claros sobre el manejo de las finanzas, la generosidad y el sostenimiento de los ministros y las necesidades de la comunidad cristiana. La razón es clara: la iglesia primitiva no practicaba el diezmo, al menos no en el sentido mosaico, como un impuesto religioso del 10% sobre los ingresos o productos agrícolas, destinado a sostener el templo y el sacerdocio levítico.

Esto tiene sentido, ya que el contexto ha cambiado radicalmente:

- El Templo ya no es el centro de adoración.

- El sacerdocio levítico fue cumplido en Cristo, nuestro Sumo Sacerdote (Hebreos 7:10).

- Y la Ley mosaica fue cumplida y superada en la cruz (Mateo 5:17; Romanos 10:4).

En lugar del diezmo, el Nuevo Testamento enfatiza la generosidad voluntaria, proporcional, alegre, guiada por el Espíritu y el amor al prójimo. Algunos textos clave lo ilustran:

- 2 Corintios 9:6-7: "Cada uno dé como propuso en su corazón: no con tristeza, ni por necesidad, porque Dios ama al dador alegre".

- Hechos 2:44-45 y 4:32-35: los primeros cristianos compartían voluntariamente sus bienes, de modo que "ninguno padecía necesidad".

- 1 Corintios 16:1-2: Pablo recomienda apartar algo cada semana, "según haya prosperado", no según un porcentaje fijo legalista.

Además, el sostenimiento de los ministros del evangelio sí es un principio claro en el Nuevo Testamento, pero nunca por medio de un sistema de diezmo obligatorio. En cambio, Pablo dice:

> "Así también ordenó el Señor a los que anuncian el evangelio, que vivan del evangelio" (1 Corintios 9:14).

Esto apoya el principio de sustento digno, no de imposición legal. La iglesia del Nuevo Testamento no heredó el diezmo, sino que elevó el principio detrás de él: el cuidado de la comunidad y de sus ministros, pero desde un corazón transformado por el evangelio, no desde una ley impuesta desde afuera. La generosidad cristiana es libre, no menos exigente, pero sí más profunda y espiritual.

En el Nuevo Testamento, la práctica de dar dinero o bienes para sostener la obra de Dios se muestra desde una perspectiva voluntaria y basada en el corazón generoso de los creyentes. Las cartas de Pablo, las epístolas generales y los relatos en los Hechos de los Apóstoles reflejan una comunidad cristiana que apoyaba económicamente el ministerio y las necesidades de los santos, pero sin una norma estricta como el diezmo.

Desde el principio, los creyentes en la iglesia primitiva compartían sus bienes y recursos para asegurar que nadie pasara necesidad. En Hechos 2:44-45, leemos que "todos los que habían creído estaban juntos y tenían en común todas las cosas; y vendían sus propiedades y sus bienes, y los repartían a todos, según la necesidad de cada uno". Este modelo de generosidad comunitaria muestra que la iglesia no estaba limitada a un sistema legalista, sino que vivía en una comunión profunda que implicaba un cuidado mutuo.

El principio de la ofrenda voluntaria y la generosidad (2 Corintios 9:6-8)

El apóstol Pablo aborda directamente el tema de las ofrendas y la generosidad en varias de sus epístolas, proporcionando principios que son muy relevantes para entender cómo los cristianos deben manejar sus finanzas en relación con el evangelio. En 2 Corintios 9:6-8, Pablo dice:

> "Pero esto digo: El que siembra escasamente, también segará escasamente; y el que siembra generosamente, generosamente también segará. Cada uno dé como propuso en su corazón, no con tristeza ni por necesidad, porque Dios ama al dador alegre. Y poderoso es Dios para hacer que abunde en vosotros toda gracia, a fin de que, teniendo siempre en todas las cosas todo lo suficiente, abundéis para toda buena obra".

Este pasaje enfatiza que la ofrenda no debe ser una carga, sino una respuesta alegre a lo que Dios ha dado. El principio de dar voluntariamente y con alegría está en el corazón de la enseñanza de Pablo, y es un contraste directo con la imposición legalista del diezmo.

Es crucial destacar que, en los escritos de Pablo, específicamente en 2 Corintios 9:7, el énfasis no está en la cantidad que los creyentes deben dar, sino en la actitud con la que lo hacen. El apóstol no manda ni establece un porcentaje fijo, como es el caso del diezmo en la Ley Mosaica, sino que enfatiza un principio totalmente diferente: la generosidad del corazón. El apóstol nunca menciona el diezmo como una práctica exigida en la Iglesia del Nuevo Testamento. En su lugar, utiliza una variedad de términos y expresiones que reflejan un enfoque voluntario, generoso, espiritual y guiado por la gracia en cuanto a las ofrendas y el dar.

Pablo dice:

> "Cada uno debe dar según lo que haya decidido en su corazón, no con tristeza ni por obligación, porque Dios ama al dador alegre". (2 Corintios 9:7).

A diferencia del sistema levítico, donde el diezmo estaba designado principalmente para los levitas y sacerdotes del templo, en el Nuevo Testamento la enseñanza sobre el dar adquiere un carácter comunitario, voluntario y solidario, donde las ofrendas no se limitan al sustento de líderes, sino que son dirigidas a todos los creyentes en necesidad, reflejando el amor fraternal y la unidad del Cuerpo de Cristo.

> "Porque Macedonia y Acaya tuvieron a bien hacer una ofrenda para los pobres que hay entre los santos que están en Jerusalén" (Romanos 15:26).

Aquí Pablo habla claramente de una colecta destinada a

los pobres, no solo a líderes eclesiásticos.

>"No digo esto para que haya para otros holgura, y para vosotros estrechez, sino para que en este tiempo, con igualdad, la abundancia vuestra supla la escasez de ellos..." (2 Corintios 8:13-14).

La motivación de la ofrenda es la equidad y el amor mutuo entre hermanos. No se trata de imponer una carga, sino de que los recursos fluyan en el cuerpo según las necesidades.

>"Así que no había entre ellos ningún necesitado; porque todos los que poseían heredades o casas, las vendían, y traían el precio de lo vendido, y lo ponían a los pies de los apóstoles; y se repartía a cada uno según su necesidad" (Hechos 4:34-35).

El espíritu de las ofrendas no era exclusivo para los de arriba, sino inclusivo y solidario. El dinero no era para enriquecer a líderes, sino para atender las necesidades reales del pueblo de Dios.

>"Honra a las viudas que en verdad lo son". (1 Timoteo 5:3).

>"Los ancianos que gobiernan bien, sean tenidos por dignos de doble honor..." (1 Timoteo 5:17-18).

Las ofrendas también incluían a viudas y, en efecto, a aquellos ancianos que trabajaban arduamente en la predicación y enseñanza, pero nunca como imposición, ni bajo manipulación. En la Iglesia primitiva, las ofrendas no se destinaban exclusivamente a los líderes o pastores, sino a toda la comunidad de creyentes, especialmente a los necesitados. La prioridad era la ayuda mutua, el sostenimiento de los débiles, y la expresión de amor práctico entre hermanos. El

Nuevo Testamento muestra una iglesia donde nadie tenía más valor por ser líder, y donde la provisión fluía en dirección del Espíritu Santo, no de estructuras humanas codiciosas.

Las ofrendas eran motivadas por la compasión, no por mandatos legalistas. Se daba según la voluntad y capacidad de cada uno, y nunca bajo amenaza, manipulación o falsas promesas de prosperidad. No hay rastro de promesas de prosperidad automática, ni amenazas espirituales, ni estrategias de manipulación para inducir a dar. Lo que había era amor, necesidad, unidad y obediencia al Espíritu.

En una época en la que muchos usan el nombre de Dios para lucrar, esta enseñanza bíblica se vuelve no solo relevante, sino urgente. Volver al modelo del Nuevo Testamento no es una opción doctrinal: es una necesidad espiritual para una iglesia sana, humilde y verdaderamente cristiana.

Pablo no impone una cantidad obligatoria. En lugar de un mandato legalista, como el diezmo que era obligatorio bajo la ley, aquí se habla de una decisión voluntaria. La cantidad de lo que se da no es el punto de enfoque. Es el corazón del creyente lo que importa ante Dios. Pablo también hace una distinción importante. El dar no debe ser una carga ni un acto realizado por obligación o con sentimiento de tristeza. El diezmo en la ley podía ser visto como una obligación impositiva, pero en el nuevo pacto, lo que Dios busca es que el acto de dar sea un reflejo de generosidad genuina. Si alguien siente que está dando con resistencia o presión, eso es lo opuesto a la actitud que Pablo está promoviendo.

El principio fundamental es que Dios ama al dador alegre. Es la actitud de alegría y generosidad lo que Dios valora, no la cantidad ni un porcentaje específico. No es cuánto das lo que más importa, sino cómo lo das. Dios se complace en aquellos que dan voluntariamente, no en aquellos que se sienten forzados o manipulados para dar.

Este enfoque de Pablo se aleja por completo de la práctica

del diezmo, que se basa en una regla fija y obligatoria. El llamado en el Nuevo Testamento no es a seguir una ley rígida, sino a vivir en libertad, siguiendo el ejemplo de Cristo, quien enseñó que la verdadera generosidad viene del corazón, no de la cantidad o del cumplimiento de una obligación legal.

En resumen, Pablo no está estableciendo un sistema de diezmo en la iglesia cristiana. En lugar de eso, invita a los creyentes a dar de manera espontánea y generosa, de acuerdo con lo que cada uno haya decidido en su corazón, sin presión ni obligación. Este principio de generosidad alegre es completamente opuesto a un sistema legalista de diezmo. Lo importante es la actitud del corazón y no una cantidad fija. Pablo también aborda el tema de cómo deben ser sostenidos aquellos que predican el evangelio. En el contexto de la apostasía de los corintios y la defensa de su autoridad apostólica, Pablo expone que aquellos que predican el evangelio tienen derecho a recibir apoyo material de los creyentes. En 1 Corintios 9:9-14, dice:

> "Porque en la ley de Moisés está escrito: No pondrás bozal al buey que trilla. ¿Acaso se preocupa Dios de los bueyes? ¿O lo dice enteramente por nosotros? Pues por nosotros se escribió, porque el que arma en esperanza debe arar, y el que trilla en esperanza debe participar de su esperanza. Si nosotros sembramos entre vosotros lo espiritual, ¿es gran cosa si cegamos de vosotros lo material? Si otros participan de este derecho sobre vosotros, ¿cuánto más nosotros? Sin embargo, no hemos usado de este derecho, sino que todo lo soportamos por no poner ningún obstáculo al evangelio de Cristo".

Pablo establece un principio importante: el sostenimiento de los ministros del evangelio es legítimo, pero él mismo optó por no exigirlo para no obstaculizar el mensaje del evangelio. De nuevo, no hay una referencia al diezmo, sino a una comunión generosa que sostiene el ministerio del evangelio de manera voluntaria y con libertad, evitando cualquier forma de coacción.

En el Nuevo Testamento, la práctica de la generosidad cristiana no se limita a la idea del diezmo, sino que está más relacionada con un sistema de solidaridad dentro de la iglesia.

Los cristianos eran llamados a cuidar a los pobres, viudas, huérfanos y necesitados, sin la imposición de una cantidad fija. Este principio de apoyo mutuo es fundamental en las epístolas de Pablo y en los relatos de la iglesia primitiva.

Hechos 4:32-35 describe cómo los primeros cristianos compartían sus bienes, vendían propiedades y repartían el dinero entre los necesitados. Este sistema de apoyo mutuo refleja una iglesia que no dependía de un sistema impositivo o legalista como el diezmo, sino de un corazón generoso y dispuesto. En el Nuevo Testamento, el diezmo no se presenta como una obligación legal para los cristianos, sino que se enfatiza una actitud de generosidad voluntaria y un principio de solidaridad cristiana. Jesús y Pablo no establecen la práctica del diezmo como una ley que debe ser cumplida, sino que enseñan que lo que importa es el corazón del dador y la disposición a dar para el avance del reino de Dios y el sostenimiento de la iglesia.

El diezmo, en este contexto, debe ser entendido como una práctica del Antiguo Testamento bajo la ley de Moisés, que ya no está vigente para los cristianos, quienes son llamados a dar generosamente, con libertad y según su capacidad. Así, el llamado de Jesús y los apóstoles no es a cumplir con una norma de diezmo, sino a vivir una vida de generosidad, justicia y compromiso con el evangelio, sin caer en el legalismo o la manipulación financiera.

Transparencia

En las Escrituras, se enfatiza que los líderes de la iglesia, incluidos los pastores, tienen una responsabilidad significativa en la administración de los recursos financieros y deben ser fieles y transparentes en su manejo. La idea de dar cuentas de los fondos y ser responsables ante Dios y la congregación está presente en varios pasajes de la Biblia. A continuación, te presento algunas de estas enseñanzas.

Responsabilidad ante Dios y la Iglesia

Pablo, en su carta a los Corintios, subraya la importancia de la integridad y la transparencia en el manejo de las ofrendas y las finanzas de la iglesia. El apóstol describe cómo sus compañeros y él se aseguraron de manejar las ofrendas de manera honorable:

> "Evitemos que alguien nos reproche por el manejo de esta generosa ofrenda. Procuramos hacer las cosas bien, no solo delante del Señor, sino también delante de los hombres" (2 Corintios 8:20-21).

Este versículo nos muestra que los líderes deben ser cuidadosos con las finanzas de la iglesia, no solo para que Dios esté satisfecho con su manejo, sino también para evitar que los demás puedan acusarlos de falta de integridad. La rendición de cuentas no solo es espiritual, sino también humana, buscando siempre que las acciones sean transparentes ante la comunidad.

El Pastor o Líder como administrador fiel

La administración financiera en la iglesia, según Pablo, debe basarse en la fidelidad. Un líder debe ser fiel en el manejo de los recursos, sabiendo que Dios lo ha puesto en esa posición para servir a la congregación, no para beneficiarse a sí mismo.

> "Ahora bien, lo que se requiere de los administradores es que cada uno sea hallado fiel" (1 Corintios 4:2).

Este versículo resalta la necesidad de fidelidad en el servicio, y la administración de los recursos que pertenecen a la comunidad cristiana no es una excepción. Los pastores y líderes son administradores de lo que Dios ha confiado a la iglesia, y deben ser hallados fieles, rindiendo cuentas de su manejo de esos recursos.

Rendir cuentas: Pablo ante los líderes en Jerusalén

Un ejemplo claro de rendir cuentas se puede ver en el caso de Pablo, quien, a pesar de ser un apóstol, se aseguró de rendir cuentas por el dinero recolectado para los pobres de la iglesia en Jerusalén. Pablo no solo recogió ofrendas de las iglesias gentiles, sino que llevó estas ofrendas personalmente a los líderes de Jerusalén para garantizar que los fondos fueran administrados correctamente.

> "Pasados varios años, fui a llevar limosnas a mi nación y presentar ofrendas" (Hechos 24:17).

Pablo se aseguraba de que las ofrendas recolectadas no solo fueran usadas para propósitos dignos, sino también que se administraran con transparencia. El hecho de que él personalmente se encargara de llevar los fondos muestra un principio clave en el liderazgo cristiano: la responsabilidad directa y la rendición de cuentas.

La Iglesia como comunidad responsable

La iglesia, en su conjunto, también tiene la responsabilidad de velar por el uso adecuado de los fondos, y esto se refleja en las prácticas de la iglesia primitiva, donde los apóstoles trabajaban en conjunto con la comunidad para asegurarse de que los recursos se distribuyeran de manera justa.

> "Por lo tanto, hermanos, escoge de entre

> vosotros a siete hombres de buen testimonio, llenos del Espíritu Santo y de sabiduría, a quienes encarguemos de este trabajo" (Hechos 6:3).

Este versículo destaca cómo los líderes de la iglesia primitiva se rodearon de personas de confianza para que ayudaran a administrar los recursos, especialmente para el cuidado de las viudas y los pobres. Este principio de delegar responsabilidades a personas de confianza muestra que la administración del dinero no solo recaía sobre una persona, sino que era una tarea colectiva.

Responsabilidad final ante Dios

Finalmente, aunque los líderes de la iglesia deben rendir cuentas ante la congregación y ante otros líderes, el juicio final sobre cómo manejan los recursos recaerá en Dios. Las Escrituras son claras al señalar que los pastores y líderes darán cuentas de su fidelidad en todas las áreas de su liderazgo, incluida la administración de las finanzas.

> "Obedezcan a sus líderes y sométanse a ellos, porque ellos velan por sus almas, como quienes han de dar cuenta. Dejen que lo hagan con gozo y no con queja, porque eso no sería provechoso para ustedes" (Hebreos 13:17).

Este versículo enfatiza que los líderes de la iglesia deben rendir cuentas ante Dios por cómo han guiado y servido a la comunidad, lo que incluye su manejo de los recursos financieros. Ellos son responsables no solo por el bienestar espiritual de la congregación, sino también por la integridad con la que manejan los recursos que se les confían. La administración financiera en la iglesia no es solo una cuestión de buenas prácticas organizacionales, sino una responsabilidad espiritual. Los pastores y líderes deben ser administradores fieles, transparentes y responsables de los recursos de la iglesia. Como se ve en la vida de Pablo, incluso los apóstoles mismos no son ajenos a la rendición de cuentas. Los líderes cristianos deben manejar los recursos con integridad, sabiendo que Dios será quien al final les pedirá cuentas por su fidelidad en este aspecto.

La Doctrina de la Prosperidad: un error falso y manipulador

Imagina por un momento a una congregación que, desde su humildad, ofrece lo que tiene, no por un deseo de obtener algo a cambio, sino por el amor y la devoción a Dios. Este es el caso de la iglesia de Macedonia, una iglesia que vivía en condiciones de extrema pobreza. No obstante, aún en su miseria, se dedicaba a dar generosamente. Es un claro ejemplo de lo contrario a la Doctrina de la Prosperidad, una falsa enseñanza que ha ganado terreno en muchas iglesias contemporáneas.

La Doctrina de la Prosperidad promueve la idea de que si tú das dinero, particularmente a la iglesia, en forma de diezmos y ofrendas, recibirás un retorno multiplicado en bendiciones materiales. Según esta doctrina, la pobreza es vista como una falta de fe, mientras que la riqueza es interpretada como señal de la bendición de Dios. Es una enseñanza que ha manipulado a muchos creyentes, haciendo que crean que su relación con Dios está directamente vinculada con su capacidad de dar dinero. Es una falacia que dice: "Si das, Dios te hará rico".

Sin embargo, al mirar las Escrituras, vemos un panorama completamente diferente. La iglesia de Macedonia no era rica; al contrario, vivía en extrema pobreza. Sin embargo, esa iglesia no fue marcada por la falta de generosidad, sino por la abundancia de su corazón.

El apóstol Pablo habla de ellos en 2 Corintios 8:2-3:

> "Que en grande prueba de tribulación, la abundancia de su gozo y su profunda pobreza abundaron en riquezas de generosidad. Porque

doy testimonio de que con agrado han dado
conforme a sus fuerzas, y aun más allá de sus
fuerzas".

Este pasaje es crucial porque muestra que la generosidad no está atada a la abundancia de recursos materiales, sino a la disposición del corazón. A pesar de su pobreza extrema, la iglesia de Macedonia dio con generosidad. No era una iglesia que se enriquecía con las ofrendas, sino que se sacrificaba para compartir con los demás, apoyando a los santos en otras regiones y demostrando una fe genuina en la provisión divina.

Este ejemplo refleja una verdad importante que muchas veces se olvida: la prosperidad material no es una garantía de bendición espiritual. Las bendiciones que Dios otorga no son necesariamente materiales, sino espirituales. En el caso de la iglesia de Macedonia, su prosperidad no se vio en riquezas materiales, sino en la generosidad de su corazón y el amor a Cristo. La prosperidad de esa iglesia era espiritual, marcada por la capacidad de dar incluso cuando no tenían nada.

Lo que la Doctrina de la Prosperidad no menciona es que el dar no siempre va a resultar en riquezas materiales. Al contrario, muchas veces, dar puede llevar a la pobreza temporal, como ocurrió con la iglesia de Macedonia. La enseñanza de que si das diezmos y ofrendas recibirás riquezas materiales está profundamente descontextualizada y contraria al mensaje del evangelio.

De hecho, Jesús mismo enseñó que la riqueza no es la medida de la bendición de Dios. En Mateo 6:19-21, Jesús habla claramente sobre los peligros de aferrarse a las riquezas:

"No os hagáis tesoros en la tierra, donde la
polilla y el orín corrompen, y donde los ladrones minan y hurtan; sino hacéos tesoros en el
cielo, donde ni la polilla ni el orín corrompen,
y donde los ladrones no minan ni hurtan. Por-

que donde esté tu tesoro, allí estará también tu corazón".

La verdadera bendición no se mide en términos de bienes materiales, sino en el corazón transformado y en una relación más profunda con Dios.

La iglesia primitiva, como la de Macedonia, estaba lejos de ser rica. Vivían en una sociedad donde los cristianos a menudo enfrentaban persecución y pobreza. Sin embargo, no encontramos a estas iglesias enseñando que el hecho de dar dinero significaba una prosperidad material. En cambio, las enseñanzas apostólicas se enfocaban en la generosidad, el amor y la fe genuina. El sacrificio era un tema central, no el deseo de ganar algo a cambio.

Un ejemplo de este sacrificio es 2 Corintios 8:9, donde Pablo hace un recordatorio esencial a los creyentes:

"Porque ya conocéis la gracia de nuestro Señor Jesucristo, que por amor a vosotros se hizo pobre, siendo rico, para que vosotros con su pobreza fueseis enriquecidos".

Aquí, Pablo subraya que la verdadera riqueza en Cristo es la espiritual, no la material. El ejemplo supremo de generosidad y sacrificio lo vemos en Jesucristo, quien, siendo rico, se hizo pobre por amor a nosotros. Este es el modelo que los cristianos deben seguir: dar con un corazón generoso y dispuesto a sacrificarse, no para obtener algo material, sino como una respuesta a la gracia de Dios. La enseñanza de que el diezmo traerá prosperidad material es una falsedad peligrosa que ha sido utilizada para manipular a los creyentes y hacerlos creer que su relación con Dios depende de su capacidad de dar. La iglesia de Macedonia, que dio generosamente de su pobreza, es un ejemplo claro de que la generosidad no está atada a la abundancia material. El verdadero llamado de Dios es a ser generosos con lo que tenemos, sin importar nuestras circunstancias, y a confiar en que Dios proveerá lo que necesitamos para cumplir su voluntad.

El diezmo no es una fórmula mágica para la prosperidad; es un acto de obediencia y amor hacia Dios. Lo que realmente importa es el corazón generoso, no la cantidad o el porcentaje que damos. La prosperidad que Dios promete no es material, sino espiritual: una vida transformada por su gracia, un corazón dispuesto a dar sin esperar nada a cambio, y la paz que proviene de saber que somos parte de un propósito eterno que trasciende las riquezas de este mundo.

La Doctrina de la Prosperidad debe ser rechazada, pues distorsiona el evangelio y manipula a los creyentes para que sigan una falsa esperanza de riqueza. El verdadero mensaje del evangelio es que somos llamados a dar de corazón, no porque esperamos recibir algo a cambio, sino porque reflejamos el amor y la generosidad que Dios ha mostrado hacia nosotros.

CAPÍTULO 8:
¿ES BÍBLICO ACEPTAR EL DIEZMO MOSAICO EN LA IGLESIA?

La Iglesia del Nuevo Testamento nunca fue llamada a vivir bajo la Ley Mosaica, y menos aún a replicar un sistema complejo de diezmos que dependía de una estructura teocrática, territorial y sacerdotal exclusiva de Israel. El diezmo, como se establece en el Antiguo Testamento, era una ley que no solo tenía fines espirituales, sino también económicos y sociales, organizando la vida del pueblo de Israel de acuerdo con la voluntad de Dios. Era, en muchos aspectos, un tributo obligatorio que sostenía a los sacerdotes levitas, los huérfanos, las viudas y los extranjeros, y se usaba para asegurar que se mantuvieran los aspectos funcionales de la nación teocrática.

Este sistema no fue diseñado para aplicarse a la iglesia cristiana, que no es un estado teocrático ni está gobernada por las leyes de la Torá. Al intentar aplicar este sistema de diezmos a la iglesia hoy, se comete un error teológico serio y se distorsiona la verdadera naturaleza de la gracia que define el pacto cristiano.

El apóstol Pablo fue absolutamente claro:

> "Todos los que dependen de las obras de la ley están bajo maldición (…) Porque todos los que quieren justificarse por la ley han caído de

la gracia" (Gálatas 3:10 / 5:4).

Y también advirtió:

"Y otra vez testifico a todo hombre que se
circuncida, que está obligado a guardar toda la
ley" (Gálatas 5:3).

Esto implica que si un cristiano intenta cumplir una parte de la Ley Mosaica (como el diezmo levítico), tendría que asumir toda la Ley: sacrificios, purificaciones, días de reposo, peregrinaciones, ritos de pureza, etc.

La gracia en Cristo no depende de un diezmo obligatorio, sino de un corazón generoso, voluntario y guiado por el Espíritu:

"Cada uno dé como propuso en su corazón,
no con tristeza ni por necesidad; porque Dios
ama al dador alegre" (2 Corintios 9:7).

Imponer el diezmo mosaico a la iglesia es una distorsión del Evangelio, pues mezcla el Antiguo Pacto con el Nuevo. Es más que un error doctrinal: es una regresión teológica peligrosa que anula la suficiencia del sacrificio de Cristo y la libertad del creyente bajo la gracia. El sistema de diezmos fue exclusivo para Israel y su sacerdocio levítico. Pretender aplicarlo hoy, sin templos, sin levitas, sin sacerdotes aarónicos, sin tierra prometida, es una contradicción bíblica y una imposición injustificada.

La iglesia, tal como nació, surgió en un contexto radicalmente diferente al que muchos, hoy en día, han intentado construir a partir de enseñanzas que se desvían de sus orígenes. La esencia del mensaje cristiano está profundamente enraizada en la gracia, en la liberación de las cadenas de la ley que antaño, en tiempos de Moisés, regían el destino del pueblo. Cristo vino a ser la culminación de toda la ley, la manifestación del cumplimiento de las promesas hechas a los ancestros, el testimonio viviente de que en Él se encuentra la verdadera libertad.

Este es un aspecto que, tristemente, a menudo se pierde de vista cuando se habla del diezmo. Muchos pastores y líderes de congregaciones han distorsionado las Escrituras, haciéndolas sonar como un mandato perenne, como si el diezmo fuera un pilar fundamental de la vida cristiana. Pero la iglesia primitiva, nacida de la resurrección de Cristo, rechazó tajantemente tales prácticas. Ellos comprendieron algo que nosotros, en la actualidad, necesitamos redescubrir: la iglesia no nació de una continuidad de las costumbres judías, sino de una ruptura, de una transformación profunda en la forma en que nos relacionamos con Dios.

El apóstol Pablo, al comprender la magnitud de esta transformación, lo dejó claro en varias de sus cartas. El evangelio no es solo un mensaje de amor y misericordia, sino de liberación. Cristo no solo murió por nuestros pecados, sino que al morir, abolió la ley que antes nos sometía. Al derribar el muro que nos separaba, la ley de Moisés, nos dio una nueva vida en Él, una vida llena de gracia. La ley, en su rigor y condena, ya no es el camino; el camino es Cristo.

Recuerdo cuando leí con mis propios ojos las palabras de Pablo, quien advierte con vehemencia en su carta a los gálatas sobre aquellos que intentan imponer de nuevo las obras de la ley sobre la gracia.

Cristo nos liberó, para que viviéramos en libertad. Pero, ¿cuál es esa libertad? La libertad no es la licencia para hacer lo que queramos, sino la capacidad de ofrecer lo mejor de nosotros no por obligación, sino por amor. No es la carga de dar un porcentaje específico de nuestros ingresos, como un tributo, sino la liberación para ofrecer a Dios lo que nace de un corazón agradecido y generoso.

La iglesia primitiva no celebraba sacrificios, ni ritos, ni ofrendas que fueran una carga, como las que dictaba la ley de Moisés. En lugar de circuncisiones físicas, tenían el bautismo en Cristo, un signo de la transformación del corazón, que los separaba del antiguo pacto y los unía en un nuevo pacto de gracia. Ya no importaba el día de reposo, el sabat, ni las fiestas estipuladas por la ley, porque la vida misma de los cristianos se había convertido en un continuo *sabat*, una comunión constante con Dios. Ya no había necesidad de recordar a través de sacrificios qué tan lejos estábamos de la perfección, porque Cristo mismo fue el sacrificio definitivo, y Su sacrificio fue suficiente.

Y, sin embargo, algunos, por comodidad o por un deseo de control, han tratado de regresar a la ley, de resucitar antiguos ritos, con la excusa de que son necesarios para la vida cristiana. El diezmo, en particular, es uno de esos rituales que han sido retomados como si fuera un mandamiento de Dios, cuando en realidad fue parte del antiguo sistema levítico, destinado a mantener el templo y sustentar a los sacerdotes, un sistema que quedó atrás con la muerte y resurrección de Jesús. En todo caso, los pastores deberían pedir los diezmos de el 23.3%, y no un 10%. Pero lo que realmente les interesa es saquear los bolsillos de los creyentes, bajo manipulaciones y engaños.

Por supuesto, hay que ofrendar a Dios y el ofrendar es una parte integral de nuestra vida espiritual, pero no porque se nos exija una cantidad específica, sino porque el amor a Dios nos mueve a dar con generosidad, sabiendo que todo lo que tenemos proviene de Él. Cristo no vino a imponer cargas, sino a hacerlas ligeras. Él, en su gran sacrificio, nos enseñó que la verdadera ofrenda es aquella que surge del corazón, aquella que no se ve como una obligación, sino como un acto de gratitud. No es el diezmo el que debemos practicar, sino la generosidad, que es la respuesta a la abundante gracia que hemos recibido. La iglesia primitiva vivía esta verdad: no necesitaban cumplir rituales para encontrar favor con Dios, porque ya lo habían recibido todo en Cristo. La libertad que Cristo nos da es una libertad radical, una libertad que nos permite vivir en Su gracia y darle lo mejor de nosotros sin que sea una carga. Ellos, los primeros cristianos, dieron lo que tenían con el corazón lleno de amor, sabiendo que todo lo que poseían era un regalo divino. Si hoy vemos a muchos que predican el diezmo como una obligación, estamos viendo un eco de algo que fue abolido en Cristo. La iglesia, nacida en la gracia, fue liberada de las ataduras de la ley. No tenemos que volver a las sombras de lo que fue, sino que debemos vivir plenamente en la luz de lo que ya ha sido cumplido en Él.

El mensaje de la gracia no es un mensaje de permiso para vivir sin responsabilidad, sino de una nueva forma de vivir, marcada por el amor y la generosidad, no como un mandato, sino como una respuesta natural a la gracia inmerecida que se nos ha dado. Y esa es la verdadera esencia de la iglesia: un pueblo libre, liberado de la ley, que vive por la gracia, un pueblo que, al ofrecer, lo hace no porque sea un mandato, sino porque es un acto de amor hacia el Dios que, en Su infinita misericordia, nos ha dado todo. La práctica de mendigar el diezmo, en muchos casos, está ligada a los llamados ficticios de algunos que dicen ser llamados a pastorear y, como tales, necesitan sacar dinero para sueldos, alquileres y otros gastos. Sin embargo, las Escrituras no enseñan tal cosa. Es cierto que existen gastos, por supuesto, porque todo tiene un costo, pero cuando alguien tiene un verdadero llamado, no está sujeto a pedir, sino que confía en que, como en todos los casos, Dios proveerá. Cristo nunca pidió dinero para sostener su ministerio. Las falsas creencias que insisten en que Jesús estaba rodeado de personas adineradas que cubrían sus necesidades son una mentira. Cuando los apóstoles querían acompañarlo a su casa, Él les dijo en Mateo 8:20:

> "Las zorras tienen guaridas, y las aves del cielo nidos; mas el Hijo del Hombre no tiene dónde recostar su cabeza".

Jesús expresa su propia falta de posesiones y comodidad. No ofreció una vida de prosperidad terrenal a sus seguidores. A pesar de no tener riquezas, Jesús alimentó a 5,000 personas con solo unos pocos panes y peces. La iglesia primitiva no nació con un fondo de inversiones bajo el brazo, sino en la más absoluta pobreza, con un puñado de personas que tenían corazones puros, dispuestos a seguir el llamado de Cristo sin esperar compensaciones materiales.

Ahora bien, me diréis que es imposible funcionar sin dinero, y no estoy diciendo que eso sea cierto. Todos sabemos que, en el mundo actual, las actividades, proyectos y ministerios requieren recursos. Sin embargo, el mal llamado "diezmo" es utilizado erróneamente bajo el concepto de que, sin él, la iglesia no puede sostenerse. Pero este enfoque no refleja el modelo de la iglesia primitiva, ni el de Cristo, quien confiaba plenamente en que, si el llamado es genuino, Dios proveerá lo necesario, tal como lo ha hecho siempre.

No existe castigo ni caída bajo el dominio de Satanás por no diezmar, ni tampoco se prometen bendiciones materiales como resultado de dar. Recordemos que la iglesia de Macedonia, a pesar de ofrendar, seguía en profunda pobreza. Sin embargo, lo más importante es que su generosidad no se basó en la idea de recibir riquezas terrenales a cambio. Todas estas enseñanzas que prometen bendiciones materiales a cambio de diezmar son manipulaciones diabólicas, propias de falsos pastores con llamados ficticios, que distorsionan la verdad para enriquecerse a costa de la fe de otros.

En este final, quiero dejar el testimonio de George Müller, un hombre que, con una fe inquebrantable, alimentó a más de 200,000 niños en orfanatos, sin pedir jamás un solo centavo. Vivió una vida de total dependencia de Dios, confiando completamente en que Él proveería lo necesario para el sustento de los huérfanos a su cuidado.

A lo largo de los años, nunca solicitó dinero ni apoyo material a nadie. En lugar de eso, oraba y confiaba en que Dios, quien sabe lo que necesitamos antes de pedirlo, proveería todo lo necesario. Y así fue. Dios usó innumerables personas y circunstancias para suplir cada necesidad, desde alimentos hasta recursos para construir orfanatos.

Su vida es un testimonio vivo de cómo la fe genuina en Dios, sin manipulación o falsas promesas de bendiciones materiales, puede proveer más allá de lo que podemos imaginar.

George Müller no dependía de la economía humana ni de los métodos tradicionales para recaudar dinero. Su ministerio era un testimonio de la gracia de Dios y de cómo, cuando estamos alineados con Su voluntad, Él provee abundantemente. Esta historia es un recordatorio de que la verdadera fe no se basa en el dinero o en el diezmo, sino en un corazón dispuesto a servir y confiar en el plan de Dios.

Concluyendo este viaje, hemos tenido la oportunidad de adentrarnos en las Escrituras y descubrir la verdad que yace detrás del fraude del diezmo. Fuimos llamados no a dar solo el 10%, sino mucho más. El verdadero llamado es a ofrendar nuestras vidas primeramente, entregándonos por completo a Dios. Luego, somos llamados a ayudar, sostener y colaborar económicamente en la obra del Señor, según nuestras posibilidades, con corazones dispuestos y generosos. La verdadera ofrenda no se mide por un porcentaje, sino por el amor y la gratitud que brotan del corazón, reflejando nuestra total entrega a Él.

Jesús tomó a doce hombres comunes, sin cuentas bancarias, sin tarjetas de crédito, sin influencias sociales, sin títulos religiosos ni respaldo financiero. Hombres con los bolsillos vacíos, pero con corazones dispuestos. No pidió diezmos, aunque como sacerdote según el orden de Melquisedec tenía todo derecho; no impuso cargas, no condicionó su ministerio a recursos materiales. Y con ellos —doce hombres sencillos— revolucionó el mundo.

Hoy, en contraste, vemos cómo muchas iglesias mueven cantidades inmensas de dinero, levantan templos majestuosos, promueven campañas costosas y sostienen estructuras complejas... pero hacen por el mundo infinitamente menos que aquel puñado de hombres sin nada, impulsados solo por el poder del Espíritu Santo y el amor de Cristo.

Cristo enseñó que el Reino de Dios no avanza con manipulación financiera, sino con vidas rendidas. Donde antes se predicaba el evangelio con sandalias polvorientas, hoy se predica desde púlpitos lujosos, a veces más preocupados por el diezmo que por el alma.

La Iglesia que transformó naciones nació en la sencillez, en la pobreza, en la entrega sin condiciones… y esa es la esencia que debemos recuperar.

Que el Señor, nuestro Dios, que no habita en templos hechos por manos humanas ni requiere de riquezas terrenales, te bendiga con la luz de Su verdad y la libertad de Su gracia.

Que te guíe por sendas de justicia, lejos del engaño y de toda manipulación, y que tu corazón permanezca firme en la Palabra viva, no en doctrinas de hombres.

Que nunca te falte el discernimiento para distinguir entre la verdad del Evangelio y los intereses disfrazados de santidad.

Que seas generoso, no por obligación, sino por amor; no porque se te exija, sino porque el Espíritu de Cristo te inspire a dar como Él dio: sin medida y sin esperar recompensa terrenal.

Y que, como los primeros discípulos, andes en humildad, poder y verdad, sabiendo que lo poco en manos limpias vale más que lo mucho en manos contaminadas.

En el nombre de Jesús, el verdadero Pastor y Sumo Sacerdote eterno,

Amén.

AGRADECIMIENTOS

A cada lector que ha llegado hasta aquí:

Gracias por dedicar tiempo, mente y corazón para caminar conmigo en este viaje profundo a través de las Escrituras. No ha sido un camino fácil, pero sí necesario. Que cada página haya sido una invitación al discernimiento, a la libertad en Cristo, y a una fe más pura, más simple, más verdadera.

Gracias por cuestionar, por pensar, por volver a la Palabra como fuente final de autoridad.

A todos los que han leído con humildad y hambre de verdad, mi gratitud es inmensa. Que estas palabras no terminen en tinta y papel, sino que produzcan fruto en la vida diaria, en las decisiones, en la forma de amar y servir.

Y, sobre todo, gracias a Dios.

A Ti, Señor, que revelas tus misterios a los sencillos.

A Ti, que no te dejas encontrar por quienes buscan poder, sino por quienes buscan tu rostro.

A Ti, que me has sostenido, corregido y guiado para escribir con temor y temblor.

A Ti, que me has librado de la mentira y me has abierto los ojos para ver la hermosura de tu gracia.

A Ti, que no exiges oro ni plata, sino un corazón rendido.
A Ti, toda la gloria. Amén.